UN FOL LO W!

UN
FOL
LO
W!

**Wie
Instagram
unser Leben
zerstört**

NENA
SCHINK

Eden
BOOKS

Inhalt

Für Thomas, Pia, Ira und Martha
Unsere Familie ist nicht perfekt, aber unsere Liebe ist echt.
Ihr seid die Lieben meines Lebens.

Für Caspar
Du bist mein für immer. Träumen wir doch den Traum
der für immer anhaltenden großen Liebe gemeinsam. Wie
dankbar ich sein kann, dich seit zehn Jahren an meiner
Seite zu wissen.

Und schließlich für Roxy
Das Mädchen meines Herzens. Du wirst die Psychologin
werden, die Deutschland braucht. Ich bin so unglaublich
stolz auf dich.

Einleitung

Wir alle sind von dem Drang getrieben, etwas darzustellen. Bewusst oder unbewusst möchten wir leuchten, glänzen, bedeutsam sein. Und es gibt Menschen, die wir bewundern. Denen wir nacheifern, bei denen wir den Wunsch verspüren, ein wenig zu sein wie sie. Mit denen wir uns umgeben in der Hoffnung, dass ihr Strahlen auf uns abfärbt.

Sei es die Klassenkameradin, die es mühelos schafft, die Aufmerksamkeit aller auf sich zu ziehen. Die Kollegin, die in vielem so viel besser ist als wir selbst. Die Freundin, die immer makellos aussieht. All diese Menschen wecken Sehnsüchte in uns. Das ist keine Eigenart meiner Generation. Das war schon immer so. Nur leider leben wir in dem Zeitalter der sozialen Medien. Nie zuvor war es so leicht, sich selbst zu inszenieren und das Leben der anderen bis ins kleinste Detail zu verfolgen.

Spätestens mit der App Instagram wurde das Zeitalter der offensiven Selbstdarstellung eingeläutet. Unser alltäglicher Versuch zu glänzen, verlegte sich auf die digitale Plattform. Und unser Drang nach Selbstbestätigung verschlimmerte sich. Gewaltig. Wir kreieren das perfekte Bild, um Bestätigung von der Außenwelt zu erfahren. Wir arrangieren unsere Fotos in unserem Instagram-Feed in der richtigen Bildsprache, damit sich Menschen unser Profil gerne anschauen. **Wir sehnen uns danach, dass Fremde uns mit ihren Likes und Kommentaren das Gefühl geben, besonders zu sein.** So sehr, dass es Instagram-Museen gibt, die den Besuchern die Möglichkeit geben, zwanzig perfekte Fotos in wechselnden Traumkulissen zu schießen. An einem einzigen Tag.[1] Zahlreiche Bücher wurden darüber verfasst, wie man Instagram erfolgreich nutzt.

Und die Menschen, die wir früher in der Realität kennenlernten und schätzten, sind heute die Influencerinnen, denen wir folgen. Obwohl wir sie nie treffen, schauen wir ihnen beim Zähneputzen zu, beim Sonnenbaden auf den Bermudas, wir kennen die Namen ihrer Freunde, ihrer Kinder, und wir haben das Gefühl, Teil ihres Alltags zu sein. Ohne zu hinterfragen, ob diese Menschen als Vorbilder taugen. Warum wir ihnen unsere Aufmerksamkeit schenken. Ob wir ihnen wirklich nacheifern sollten, und für welche Werte sie stehen. Auch früher gab es Prominente, die wir bewunderten, aber damals war es undenkbar, ihr Leben in diesem Ausmaß zu verfolgen.

Wir sahen sie in Kinofilmen, in Hochglanzmagazinen oder in Talkshows. Das war es. Schon gar nicht war es möglich, das Leben des Mädchens von nebenan auszuspionieren. Im Jahr 2020 ist es das. **Wir sind allesamt zu Followern mutiert.**

Dabei vergessen wir oft, wie viel Zeit wir Instagram widmen und dass wir uns währenddessen aus dem realen Leben ausklinken. Bei mir sind es zwei Stunden täglich. 14 Stunden wöchentlich. 672 Stunden jährlich. 28 Tage. Ein Monat. Hochgerechnet: fünf volle Jahre meines Lebens. Verschwendet an das soziale Medium Instagram. Was ich poste, ist für die Welt selten eine Bereicherung. Und was ich sehe, bringt mich nicht weiter, sondern lässt mich mit meinem eigenen Leben hadern.

Ich weiß nicht, wie deine Statistik ist, aber ich frage mich: **Warum verbringen wir so viel Zeit auf Instagram? Und was haben wir davon? Warum meinen wir, jeden Augenblick dokumentieren zu müssen? Sind Momente ohne anschließende Instagram-Veröffentlichung nichts mehr wert?** Werden wir am Ende unseres Lebens an unsere Fotokünste zurückdenken? Spielt es überhaupt eine Rolle, ob wir auf Instagram aktiv sind? Erzeugt Instagram Erinnerungen? Glück? Bringt es uns zum Lachen?

Ich vergleiche meine Instagram-Aktivitäten gerne mit meiner Vorliebe für Zigaretten. Die eine Angewohnheit schadet meiner Seele. Die andere meinem Körper. Shirley Cramer, die Geschäftsführerin der Royal Society for Public Health, sieht ebenfalls Parallelen: »Die sozialen Medien wurden bereits als noch süchtig machender beschrieben als Zigaretten und Alkohol, und sie sind inzwischen so im Leben der jungen Leute verankert, dass man ihre Wirkungen auf die mentale Gesundheit der Jugendlichen nicht mehr länger ignorieren kann.«[2]

Ich gelte mit meinen 27 Jahren nicht mehr als jugendlich, aber bin trotzdem in die Fänge von Instagram geraten. Und es hat lange, zu lange gedauert, bis ich verstand, dass meine Beziehung mit Instagram eine toxische Liebesbeziehung ist, von der ich weiß, dass sie meiner Seele schadet, ich aber nicht in der Lage bin, sie zu beenden. Als meine Kolumne *Warum mich die Influencer-Welt anekelt*[3] in dem jungen Portal von *Orange by Handelsblatt* erschien, hat mich die Flut an Nachrichten, die folgte, schier überwältigt. Und mich nachdenklich gestimmt.

Junge Mädchen schrieben mir, sie müssten sich mit Depression, Beklemmung, Essstörungen und Kaufsucht auseinandersetzen. Die Ursache: Instagram. Bei manch einer Nachricht hatte ich Tränen in den Augen. Ich hätte die Absenderin gerne in den Arm genommen und ihr gesagt, dass sie längst da angekommen ist, wo manch eine Influencerin gerne wäre: im echten Leben.

Die jungen Frauen, die mir schrieben, sind keine Einzelfälle. Leider. Die britische Gesundheitsorganisation hat zusammen mit dem Young Health Movement herausgefunden, dass Instagram das Seelenleben von Jugendlichen und jungen Erwachsenen negativ beeinflusst. Instagram führe bei den Studienteilnehmern zu einem verminderten Selbstwertgefühl, zu einer negativen Körperwahrnehmung und sogar zu depressiven Verstimmungen, berichtete die Royal Society for Public Health. Zudem verstärke, laut der Studie, Instagram das Gefühl, etwas im Leben zu verpassen. Die befragten Nutzer sollen häufig schlechter geschlafen und sich einsam gefühlt haben.

Instagram vermindert nicht nur unser Selbstbewusstsein, sondern auch das von Superstars. Ende 2016 machte die US-Sängerin Selena Gomez ihre Instagram-Sucht öffentlich. Zu diesem Zeitpunkt folgten ihrem Account bereits mehr als einhundert Millionen Menschen – glücklich machte die Sängerin das nicht. »Jedes Mal, wenn ich auf Instagram war, fühlte ich mich beschissen«, erklärte sie dem amerikanischen Magazin *Teen Vogue*. Die Plattform beeinflusste ihr Denken negativ. »Ich war süchtig, und es fühlte sich an, als würde ich Dinge sehen, die ich nicht sehen wollte, als ob es mir Dinge in den Kopf legte, für die ich mich nicht interessieren wollte.«[4]

Die damals 24-Jährige nahm sich eine Auszeit, ging in eine dreimonatige Therapie. Instagram hatte sie krank gemacht. Heute ist Selena Gomez wieder auf Instagram aktiv, aber postet unregelmäßiger als vor ihrer Therapie. Und sie folgt nur noch 63 Personen. Es scheint, als würde sich Gomez nicht länger mit dem digitalen Mist der anderen zukippen lassen wollen. Richtig so. Eine Studie des Rasiererherstellers Gilette Venus zeigt: 65 Prozent der Frauen fühlen sich durch Schönheitsideale der sozialen Medien unter Druck gesetzt.[5]

Als Antwort nahm ich mir vor, dieses Buch zu schreiben, um heranwachsende Mädchen zu unterstützen. Sie wissen zu lassen, dass sie nicht alleine sind.

Wir alle werden heutzutage mit Bildern von dem scheinbar perfekten Leben unter Druck gesetzt – von einer glamourösen Welt, die in der Realität eine reine Farce ist.

Mein Buch ist in drei Teile gegliedert, um dir einen bestmöglichen Überblick über den Instagram-Wahnsinn zu verschaffen. Im ersten Teil schildere ich dir meine eigenen Instagram-Fehltritte. Vielleicht erkennst du dich in einigen Momenten ja selbst wieder. Auf jeden Fall hoffe ich das. Im zweiten Teil nehme ich dich mit in die Welt der Influencer und schildere dir meine teils bizarren Begegnungen mit den Influencerinnen in der Realität. Im dritten Teil hinterfrage ich gemeinsam mit dir dein eigenes Instagram-Verhalten.

Dies hier ist keine akademische Abhandlung, meine Schilderungen sind von meiner persönlichen Wahrnehmung geprägt. Ich bin auch keine Psychologin oder Soziologin, sondern Journalistin, Beobachterin, Erzählerin. Ich beschreibe in den nachfolgenden Kapiteln, was ich sehe oder erlebt habe. Wer einen Ratgeber sucht, wird hier nicht fündig. Aber alle, die sich selbst und ihre Sucht nach der digitalen Selbstbestätigung hinterfragen möchten, sind hier genau richtig.

Vermutlich werden nicht alle meine Thesen bei dir Anklang finden. Das ist nicht weiter schlimm. Solltest du nur eine Botschaft aus diesem Buch mitnehmen, dann hoffentlich die, wie wichtig es ist, ein Leben voller realer Momente zu leben. Dein Leben ist reich an Magie. Gerade in jungen Jahren solltest du nach der großen Liebe Ausschau halten, echte Freundinnen gewinnen und Erinnerungen schaffen, die so schön sind, dass sie dich mit allem anderen versöhnen. Werde zur Schatzsucherin. Deine Beute: Momente, die nachhaltig dein Herz berühren.

Hör auf, dich selbst zu inszenieren und dir das vermeintlich perfekte Leben der anderen anzuschauen.

Hör auf, ein Follower zu sein. Werde zum Influencer deines eigenen Lebens.

Denn die wahren, puren, echten Glücksmomente erlebst du ausschließlich offline. Umgeben von den Menschen, die du liebst und die dich lieben. Lasse alles außer Acht, aber bitte verschenke weniger deiner kostbaren Lebenszeit an Instagram.

Deine Nena

TEIL 1

Mein persönliches Erwachen

Meine Karriere als Influencerin

September 2017

Es gibt diese Tage, die dir alltäglich vorkommen, aber in der Rückblende sehr besonders sind, in manchen Fällen gar einen Wendepunkt darstellen. Einer dieser Tage in meinem Leben: ein herbstlicher Montag im September 2017. Vormittags: ein Seminar über die investigative Recherche an meiner Journalistenschule. Nachmittags: Schreibübungen. Abends: Vino mit meiner liebsten Freundin Clara. Ein ganz normaler Schultag eben. Doch etwas ist anders.

Während ich zum Unterricht eile, klingelt mein Handy. Der Redaktionsleiter des jungen Portals von *Orange by Handelsblatt* Andreas ist dran. Nach kurzem Geplänkel fragt er mich, ob ich nicht Lust hätte, für *Orange* einen Selbstversuch zu wagen, der darin bestehe, eine erfolgreiche professionelle Influencerin zu werden. Die Aufgabe: in kürzester Zeit Tausende von Followern auf Instagram gewinnen und Kooperationen mit Firmen an Land ziehen. Für mein Experiment dürfe ich mich von Experten beraten lassen, aber ich sei ja sowieso schon aktiv auf Instagram. Generell sei ich bestens geeignet.

Andreas' Überredungskünste sind an dieser Stelle überflüssig. Ich freue mich über seine Anfrage, habe ich doch endlich eine Ausrede, meiner Instagram-Leidenschaft zu frönen. Und das auch noch während meiner Arbeitszeit: Jackpot. Beim Start umfasst mein Instagram-Profil 113 Fotos, die allermeisten zeigen mich selbst: jung, blond und schlank. Posierend vor dem Weißen Haus, mit Delfinen auf den Bermudas oder als Minnie Mouse beim Kölner Karneval.

Mein Profil ist öffentlich. In meinen Storys teile ich sowohl meine Artikel als auch private Momente. Ich gaukle mir gerne vor, dass die Vermarktung meiner Arbeit wichtig ist und ich nur aus diesem Grund Instagram benutze. Richtig so, findet Christoph Kastenholz, Gründer von Europas erfolgreichster Influencer-Agentur Pulse: »Bei den meisten Berufen ist es nützlich, die sozialen Medien zu bedienen.«[6]

Die Holländerin Lindy Mariëlle Kats hat es im Gegensatz zu mir schon geschafft, ihren Traumjob als Pilotin massentauglich auf Instagram zu präsentieren. Ein Social-Media-Star im Cockpit. Neben Schnappschüssen aus dem Alltag über den Wolken postet die 24-Jährige Bilder von ihren Abenteuern an Zielorten: beim Feiern in Dubai oder auf einem Schiff vor der Küste Griechenlands. Und es funktioniert. Mehr als 134.000 Fans folgen ihr auf ihrem Profil pilot_lindy. Tendenz steigend. Ich möchte das auch versuchen.[7]

Um auf Instagram Follower zu gewinnen, brauche ich Inhalte. Und ich brauche mehr Follower als Accounts, denen ich selbst folge, um den schönen Schein zu wahren. Die Grundregeln für das Sammeln digitaler Fans: posten, anderen Nutzern folgen, ihre Bilder liken und kommentieren. Und das alles mehrmals täglich. Es ist ein Spiel für Erwachsene. Das so funktioniert: Ich gebe in die Suchleiste einen prominenten Namen ein, der zu meiner gewünschten Zielgruppe passt, etwa Heidi Klum. Ihr folgen viele junge Mädchen. Dann folge ich Klums Abonnenten.

Ich like Heidis Bilder, kommentiere und klicke auf die Herzchen unter dem jeweiligen Foto. Keine fünf Minuten vergehen und schon habe ich selbst neue Abonnenten. Unbekannte kommentieren meine Bilder: »Schönes Foto.« Andere hinterlassen mir Smileys. Ein paar männliche Nutzer schreiben mir anzügliche Nachrichten. Einer will gar, dass ich seine virtuelle Freundin werde, während ein anderer mich fragt, ob er ihm Fotos von meinen Füßen schicken könnte.

Der Nächste bittet mich, meine Strumpfhosen zu verkaufen. Macht nichts, ich akzeptiere sie alle. Bei diesem Projekt darf ich nicht wählerisch sein, sollen mir ruhig auch Perverse folgen. Mein Motto: Hauptsache Follower. Ich gewinne innerhalb von nur zwei Tagen vierhundert neue dazu. Um meinen Erfolg zu steigern, versuche ich, täglich etwas zu posten. Aber was? Büro-Selfies interessieren meine 1.500 Abonnenten bestimmt nicht.

»Ich weiß nicht, wie dein Alltag aussieht, aber wenn du eine erfolgreiche Bloggerin interviewst, poste Bilder mit ihr«,[8] rät mir Kastenholz. Da hat er recht. Die Influencerin Caroline Daur wurde anfänglich auch nur aufgrund ihrer Freundschaft mit Stefanie Giesinger bekannt, die 2014 die Fernsehshow *Germany's Next Topmodel* gewann. Heute zeigen sich die zwei zwar nur in Ausnahmefällen gemeinsam auf Instagram, sind dafür aber die Stars der internationalen Instagram-Szene. Und Branchenexperten wissen: Ihr digitales Leben machte die zwei zu Millionärinnen.

Ich scrolle durch meine Aufnahmen und finde ein Bild von mir mit der Modebloggerin Leonie Hanne. Filter drüberlegen, damit es etwas fröhlicher ausschaut und hochladen. 141 Leute drücken den Gefällt-mir-Button. Auch Leonie kommentiert. Jackpot! Ich gewinne mit diesem Post siebzig neue Abonnenten.

Ich beginne, erfolgreichen Influencerinnen, wie Xenia Adonts, Farina Opoku und Alexandra Lapp, zu folgen. Mit Kommentaren und Likes versuche ich, die Aufmerksamkeit ihrer Community auf meinen eigenen Account zu lenken. Es funktioniert. Auch Bloggerinnen beginnen, mir zu folgen. Manche haben bereits 50.000 Abonnenten. Sie kommentieren meine Bilder. Nicht weil sie ihnen gefallen. Sondern weil ich ihre Fotos liken und kommentieren soll.

Den Gefallen tue ich ihnen gerne. Und beginne, Herzen zu verteilen.

Die Sucht beginnt: immer wieder folgen, kommentieren und beim Tatort-Schauen meine neuen Abonnenten zählen. Meinem Freund schenke ich keine Aufmerksamkeit mehr. Das neue Objekt meiner Begierde: Instagram. Ich beginne, vor dem Spiegel zu posieren, übe in den Abendstunden meinen Gesichtsausdruck, bearbeite meine Fotos nachträglich mit der kostenlosen App AirBrush. Besonders die Möglichkeit, meine Zähne aufhellen zu können, liebe ich. Schade eigentlich, dass es diesen Filter nicht auch in der Realität gibt.

Auch mein Arbeitsweg dauert jetzt fünf Minuten länger, halte ich doch überall Ausschau nach originellen Fotomotiven. Dazu das Spiegel-Selfie am Morgen – ein Muss. Schnell genügen mir meine Selfies nicht mehr. Hochwertige, perfekte Bilder müssen her. Der Fotograf? In den meisten Fällen mein Freund Caspar. Die Shootings bereichern unsere Beziehung nicht. Sie machen uns auch keinen Spaß, sondern enden immer im Streit. Vielleicht, weil ich mit dem Ergebnis nie zufrieden bin. Oft schreie ich ihn zwischen meinen Posen an, er solle sich doch bitte ein wenig mehr Mühe geben.

Schlimm finde ich das nicht, ich nehme unsere Streits gerne in Kauf. Es hat ja niemand behauptet, dass die Karriere als Influencerin leicht sei. Vielmehr motiviere ich meine besten Freundinnen Jil und Clara, es doch auch mal zu versuchen. Wie cool wäre es, wenn wir drei mit unseren Instagram-Accounts Geld verdienen könnten? Meine Euphorie ist ansteckend. Während Clara Waffeln backt, sie bunt einfärbt, ihren Teller gekonnt instagrammable dekoriert, fotografieren Jil und ich uns gegenseitig auf meiner Terrasse.

Wir sind für unser Fotoshooting extra in Jeanshemden geschlüpft, an unseren Füßen baumeln hohe Schuhe. Unsere kostspieligen Markenhandtaschen drapieren wir auf dem Terrassenmöbel. Neben uns. Ganz natürlich. Abends liegen wir zu dritt auf der Couch, bearbeiten unsere Fotos, folgen, entfolgen, verteilen Herzchen. Stundenlang. Der Film, den wir vorher gemeinsam ausgesucht haben, interessiert keine von uns. Wir unterhalten uns auch nicht.

Was nicht verwunderlich ist, gibt es doch keine Pause bei der Selbstvermarktung, wie ich von der *Germany's-Next-Topmodel*-Teilnehmerin und Instagram-Star Elena Carrière lerne: »Soziale Medien gehören zu meinem Job. Ich kann nie hundert Prozent abschalten. Das ist kein Parttime-Job, sondern ein Fulltime-Job.« Ihr Tipp für mich: »Bleib authentisch, also echt. Die Leute merken, wenn online jemand falsch spielt.«[9] Wie echt wohl ihr eigenes Profil ist? Ob sie wirklich alle ihre Kooperationspartner so toll findet, wie es ihr Instagram-Profil vorgaukelt? Macht sie gerne Werbung für Zahnpasta? Und ist das Schmucklabel Bijou Brigitte wirklich die Marke ihres Herzens?

Vermutlich nicht, aber ihre Follower scheint das nicht zu stören. Knapp 500.000 Menschen folgen der Schauspieler-tochter.

Ich bleibe am Ball und poste, poste, poste. Schnell bemerke ich, dass die offenherzigen Bilder am besten laufen. **Wenn ich einen kurzen Rock kombiniert mit High Heels trage, drücken wesentlich mehr Menschen, vor allem ältere Männer, auf den Gefällt-mir-Button, als wenn mein Körper in Hose und Pullover gehüllt ist.** Der Hintergrund und die Qualität des Bildes sind da völlig zweitrangig.

Meine Kollegin Eva Fischer, die für das Magazin *Wirtschaftswoche* wenige Monate vorher einen ähnlichen Versuch[10] wie ich wagte, erhielt von einem Social-Media-Experten gar das Feedback, dass ihr Profil nicht nackig genug sei. Kein Wunder, dass sich die erfolgreichen Bloggerinas regelmäßig im knappen Bikini zeigen. *Sex sells.* Auch auf Instagram. Ich selbst beginne, darauf zu achten, meine Figur in den Vordergrund zu rücken. Besonders meine Beine. Und es funktioniert.

Bei meinen Bildern drücken jetzt im Durchschnitt über hundert Abonnenten den Gefällt-mir-Button. Siebenhundert Menschen schauen meine Stories und insgesamt folgen mir 2.450. Zeit für meine erste Kooperation. Ich sehe die Werbung einer Taschenmarke: »Du bist ein Bag-a-holic und studierst oder steigst bereits auf deiner Karriereleiter hoch? Dann bewirb dich jetzt via Kontaktformular als Tate! Ich möchte dir, wenn du ein Tate wirst, eine Tasche deiner Wahl aus unserer VINERIUS-Kollektion schenken.«

Schnell fülle ich die Bewerbung aus und gebe den Namen meines Instagram-Accounts an. Zwei Wochen später kommt die Zusage. Ich bin eine von zwanzig neuen Tates, die jeden Monat weltweit ausgesucht werden. Eine Handtasche kostet zwischen fünfhundert und eintausend Euro. Ich entscheide mich für einen grauen Beutel für knapp siebenhundert Euro. Drei Tage später wird er mir schön verpackt geliefert.

Dann folgt die Bezahlung – ich muss Bilder mit dem Beutel machen. Kein Problem. Ich klemme ihn mir unter den Arm und klettere auf einen Stuhl; die Düsseldorfer Skyline wirkt sonst zu läppisch. Mein Freund fängt an zu fotografieren. Der Rock sitzt nicht, und meine Haare sind zerzaust. Nach zwanzig Minuten steige ich genervt wieder runter. So fühlt sich also eine Bilderbuchkarriere an. Ich beginne, mich zu fragen, warum ich so heiß darauf bin, Follower zu gewinnen und mein Leben mit fremden Menschen zu teilen:

Ist es Narzissmus oder ein ausgeklügeltes System, das meine Psyche beeinflusst? Warum möchte ich eine Influencerin sein? Warum teile ich mein Privatleben auf Instagram mit fremden Menschen? Und was bringt es mir, Frauen zu folgen, die täglich ein Foto von sich selbst hochladen, halb nackt posieren und mir in ihren Storys erzählen, wie großartig doch das Produkt FitTea sei?

Was mir von meinem Experiment bleibt: die Sucht nach der digitalen Aufmerksamkeit und erste Zweifel an dem Instagram-Wahnsinn. Es werden noch drei Jahre und viele erbärmliche Instagram-Momente vergehen, bis ich dieses Buch schreibe. Einer der für mich beschämendsten Augenblicke: mein Wassermelonen-Auftritt.

 Notiz an mich selbst:

- Der Alltag einer Influencerin ist nicht cool, sondern einfältig.
- Die tägliche Selbstinszenierung hat ihren Preis.

Die Sucht geht weiter

April 2018

Der Schulleiter meiner Journalistenschule gibt das Reiseziel für unsere Recherchereise bekannt: San Francisco. Sofort denke ich an die Golden Gate Bridge, die bunt bemalten Häuser, das Hafenviertel Fisherman's Wharf. Nicht weil ich selbst schon dort war, sondern weil mir dank Instagram die Stadt bereits bestens bekannt ist. Diese Fülle an traumhaften Kulissen möchte ich auch nutzen.

Bereits auf dem Hinflug, eingequetscht in der letzten Reihe der Economy Class, recherchiere ich nach den Instagram-Hotspots in San Francisco. Zum Glück gibt es WLAN: Wo fotografieren sich die Bloggerinas? Welche Cafés eignen sich für Instagram? Ich entdecke eine Schaukel im Wasser, Chinatown, eine hübsche Bäckerei und die typischen bunten Häuserfronten. Fleißig tippe ich die Ergebnisse meiner Recherche als Notizen in mein Handy. Der Sitznachbar neben mir schnarcht.

Nach der mir so ungeliebten Einreiseprozedur fahren mein Lieblingskollege Marius und ich in unser Hotel. Wir checken ein, treffen uns danach in der Lobby, laufen zu einer typisch amerikanischen Bar. Marius bestellt sich einen Burger. Und ein Bier. Ich bestelle ein Glas Wein. Wir besprechen unseren Plan für den nächsten Tag. Unsere Kollegen kommen erst am nächsten Abend an. Wir zwei haben frei. »Marius, würdest du morgen ein paar Bilder von mir für mein Instagram-Profil machen? Ich habe da so tolle Locations gefunden«, frage ich ihn beiläufig, während ich an meinem Wein nippe.

Marius, zu gutmütig für diese Welt, sagt sofort zu. Er ahnt an dieser Stelle noch nicht, was ihm blüht. Am nächsten

Tag stiefeln wir los. Unser Ziel: Chinatown. Kaum angekommen drücke ich Marius mein iPhone in die Hand und posiere in meinem Pünktchenkleid, gepaart mit schwarzen Stiefeln und meiner Elefantentasche der Marke Loewe. Mitten auf der Straße. Die vorbeifahrenden Autos stören mich nicht. Ich lache in die Kamera. Und versuche, den Gesichtsausdruck meiner Schwester zu kopieren. Sie hat ein richtiges Fotogesicht. Und Marius: fotografiert emsig.

Die Minuten verstreichen, ich bitte ihn um mein iPhone, da ich meine Bilder kontrollieren möchte. Und es kommt, wie es kommen muss: Die Fotos sind schrecklich. Sehe ich in der Realität etwa auch so schrecklich aus? Wahrscheinlich. Ein neuer Plan muss her: Dann soll Marius mich eben von hinten fotografieren. Während ich laufe, schüttele ich meine Haare, lasse sie durch meine Finger gleiten, damit Bewegung entsteht. Das sorgt für mehr Volumen.

Als Marius mir das fertige Bild zeigt, bin ich begeistert, falle ihm um den Hals. »Danke. Danke. Danke. Was für ein Foto. Soll ich dich auch mal fotografieren?« Marius wirkt verwundert, als habe er mit dieser Frage gar nicht gerechnet. Aber er will. Er posiert für mich, wirft seine Lederjacke nach links und nach rechts. Nach wenigen Schüssen ist er bereits zufrieden. Sein Shooting hat vielleicht zwei Minuten gedauert. Meines bestimmt zwanzig. Eher mehr.

Danach schlendern wir durch die Straßen San Franciscos. Unsere Handys stecken jetzt in unserer Jackentasche. Aus Marius' Tasche erklingt das Lied *Señorita* von *DSDS*-Gewinner Pietro Lombardi. Wir grölen mit. Tanzen. Ein echter, purer, wahrer Glücksmoment. Nach unserem ausgiebigen Bummel durch San Francisco treffen wir abends auf die anderen Volontäre, erzählen von unserem Instagram-Tag. Ich registriere, wie mitleidig meine Kollegen Marius anschauen und betone, dass man durch die Instagram-Spots die schönsten Ecken San Franciscos entdecken könne. Marius nickt. Das sei wirklich so, bestärkt er mich.

Am nächsten Tag geht es weiter. Zunächst besichtigen wir die Nachrichtenredaktion von Bloomberg. Danach brechen Marius und ich zur Golden Gate Bridge auf. Nach einer langen kostspieligen Taxifahrt und einer noch längeren Suche finden wir endlich die ersehnte Schaukel. Das Panorama ist noch schöner als auf den Fotos der Bloggerinas. Flink schwinge ich mich auf die Schaukel, strecke meine Beine vor und zurück. Und Marius fotografiert. Es entstehen über achtzig Fotos von mir. Immer in derselben Position. Die einzige Variation: Mal lache ich in die Kamera, mal schaue ich weg. Danach fotografiere ich meinen Kollegen. Kurz. Nach dem Shooting brechen wir auf, hören Musik und tanzen. Mitten auf der Straße. Momente wie diese sind das, was man Sekundenglück nennt.

Am Abend liegen meine Mitvolontärin Hannah und ich in unseren Betten. Ich bearbeite fleißig meine Bilder, strecke ihr mein Handy hin, präsentiere ihr fröhlich die Auswahl:

»Hannah, was meinst du? Welches Foto ist das beste?«

Leicht genervt nimmt Hannah mein Handy entgegen. Sie ist kein Instagram-Girl. Stirnrunzelnd schaut sie sich die Fotos an, entgegnet: »Nena, du wirkst immer so verdammt selbstbewusst. Warum machst du plötzlich deinen Wert von Instagram-Likes abhängig? Das ist traurig. Wir erleben hier gerade so eine Wahnsinnsreise, und anstatt dass wir uns jetzt über unsere Erlebnisse austauschen, zwingst du mich aus Bildern, die alle gleich aussehen, das schönste auszusuchen.«

War ja klar, dass Hannah so denkt. Aber ich gebe noch nicht auf: »Du hast ja recht, aber welches ist denn nun das schönste? Oder meinst du, ich soll einen anderen Filter verwenden? Vielleicht ist das Bild in Schwarz-Weiß noch eindrucksvoller?«

Hannah gibt mir mein iPhone zurück: »Nena, echt keine Ahnung. Nimm doch einfach das zweite.«

Verunsichert blicke ich sie an: »Wirklich? Na gut, dann nehme ich das zweite.«

Nachdem ich es hochgeladen habe, überprüfe ich meine Likes. Minütlich. Mein Bild erzielt 186 Likes. Und 19 Kommentare. Ich bin hochzufrieden. Ein guter Tag.

Am nächsten Morgen stehe ich extra früh auf. Zu dem Besuch einer entfernten Bäckerei mit beeindruckender Instagram-Leuchte konnte ich niemanden aus meinem Team überzeugen. Nicht einmal Marius. Dafür nehme ich ihm das Versprechen ab, am Nachmittag mit mir die Häuserfronten San Franciscos abzuklappern. Mein Navi zeigt fünfzig Minuten an. Kein Problem. Spazieren gehen mochte ich schon immer gerne.

Die Gegend wird ärmer. Und ärmer. Immer mehr Obdachlose kampieren am Straßenrand. Eine betrunkene Frau rempelt mich an. Ich fühle mich unwohl, aber gehe stoisch weiter. Ich möchte unbedingt diese Bäckerei finden. Nach unzähligen Verirrungen erreiche ich sie. Endlich. Eine riesige Schlange hat sich vor dem Laden gebildet. Macht nichts. So kurz vor dem Ziel gebe ich nicht auf. Ich drängele mich vorbei und betrete den winzigen Laden.

In der Auslage liegen Donuts, Croissants und Brötchen. Das war's. Völlig unspektakulär. Egal, ich bin ja nicht zum Essen hier. Ich betrachte die Wände, blicke mich suchend um: Wo ist denn nur diese rosa Wandleuchte mit den ausgestreckten Fingern? Ah, da ist sie. Die Farbe stimmt: Neonrosa. Doch in der Realität ist sie viel kleiner als auf den Instagram-Fotos der anderen. Ich bin enttäuscht. Das war's? Das soll alles sein? Dafür bin ich jetzt so früh aufgestanden? So eine Art Wanddekoration gibt es doch überall. Auch in Düsseldorf, meiner Heimatstadt.

Und die Bäckerei? Könnte nicht weniger glamourös sein. Ohne ein Foto zu machen, verlasse ich den Laden und laufe zurück. Was für ein Reinfall. Beim Frühstück erzähle ich nur ausgewählten Kollegen von meinem missglückten Instagram-Morgen. Dass ich eine knappe Stunde lang durch düstere Viertel auf der Suche nach einem Instagram-Hotspot lief: viel zu peinlich für die große Runde.

Die Tage vergehen. Ich gewinne Eindrücke, die meine zukünftige journalistische Arbeit prägen werden. Und es entstehen Erinnerungen, die nachhaltig mein Herz berühren. Die wichtigste berufliche: die Besichtigung der Headquarter von Google und Facebook. Die schönste private: eine Nacht ohne mein Handy. Mit Blick auf die funkelnde Bay Bridge. Und Wein. Viel zu viel Wein.

September 2019

Generell empfand ich meine San-Francisco-Reise als sehr gelungen. Bis zu einem denkwürdigen Abend in München. Hannah, die mittlerweile nicht mehr meine Kollegin, aber immer noch meine Freundin ist, ist angereist. Um ein Event zum Thema Female Empowerment zu besuchen. Sie übernachtet bei mir. Bei einem Glas Wein sitzen wir in meiner winzigen Küche zusammen, schwelgen in Erinnerungen, und ich erzähle ihr von meinem Buchprojekt. Und wir sprechen über San Francisco. Hannah gesteht: »Nena, weißt du, keiner der Volontäre, außer vielleicht Marius, wollte mit dir auf Tour gehen. Wir hatten einfach keine Lust, für dich den Fotografen zu spielen. Ich fand unseren Abend heute echt schön, weil du überhaupt nicht an deinem Handy warst. Das war während unserer San-Francisco-Reise leider echt anders.« Hannah muss es wissen: Wir haben uns neun Tage lang ein Doppelzimmer geteilt.

Notiz an mich selbst:

- Keine Instagram-Spots mehr recherchieren.
- Aufhören, mir die Welt durch die Instagram-Posts der anderen anzuschauen.
- Städte ohne Instagram erkunden.

Halb nackt auf einer Wassermelone

San Francisco war nicht mein einziger missglückter Instagram-Urlaub. Es gab weitere. Speziell eine Sommerreise mit meiner Familie nach Kroatien war für mich rückblickend ein einziges Instagram-Fiasko.

August 2018
Grün-rot mit schwarzen Punkten. Meine tägliche Begleiterin im Sommer 2018. Eine Luftmatratze in Form einer Wassermelone. Bereits beim Kauf überlege ich mir, ob die Matratze gut für meinen Instagram-Auftritt sein könnte und recherchiere. Das Netz ist sich einig: Einhörner out, Essen in. Na also, passt doch. Ich drücke auf den Bestell-Button und hoffe, dass sie rechtzeitig ankommt. Während ich bestelle, freue ich mich schon auf sieben erholsame Tage mit meiner Mutter Ira, meiner Schwester Pia und meiner Kindheitsfreundin Roxy. Auch zwei Freundinnen meiner Mutter und ihre Töchter sind mit von der Partie. Ein richtiger Girls-Trip eben.

Einen Tag vor unserer Abreise nach Kroatien ist meine Wassermelone endlich da. Jetzt muss ich sie nur noch in meinem Koffer unterbringen. Die Challenge beginnt. Ich packe ein und aus. Entscheide mich zwischen zwei Sommerkleidern und lasse meine heiß geliebten Magazine und Bücher zurück. Es reicht trotzdem nicht.

»Nena, gibt es in Kroatien keine Luftmatratzen zu kaufen?«, fragt mich Caspar ungläubig, während er sich mein wirres Pack-Spektakel anschaut.

»Doch, aber bestimmt keine Wassermelone«, entgegne ich trotzig. Was für eine saublöde Frage.

»Kannst du bitte mal meinen Koffer schließen? Er geht einfach nicht zu«, herrsche ich ihn an. Langsam werde ich sauer, auf die Idee hätte er ruhig auch mal selbst kommen können. Männer!

Die Wassermelone wandert ins Handgepäck. Mein Koffer geht zu. Endlich. Die Reise kann starten.

Bereits in der Sicherheitszone am Flughafen beginne ich unseren Urlaub zu dokumentieren und halte fest, wie Roxy und ich durch die digitale Passkontrolle schreiten. Danach fotografiere ich die Wolken und filme, wie ich meinen Koffer durch den Staub hinter mir herziehe. Nach einer kurzen Autofahrt kommen wir in unserer Ferienwohnung an. Das Erste, was ich tue? Nach einer Luftpumpe fragen. Gemeinsam mit Roxy puste ich meine Wassermelone auf. Endlich. Die nächste Hürde folgt sogleich: In Kroatien gibt es keinen Strand, der Zugang zum Meer besteht aus Steinen. Angstvoll hieve ich meinen kostbaren Besitz über den Asphalt. Meine Luftmatratze muss schließlich noch einige Tage halten. Was bringen mir Fotos, auf denen ich bleich bin wie ein Käse? Eben. Gar nichts. Also Schritt eins: bräunen. Und zwar von morgens bis abends.

An Tag vier unserer Reise ist es endlich so weit, ich bin braun gebrannt, trage meinen neuen roten Bikini und binde mir ein bunt gemustertes Haarband um den Kopf. Komplementiert wird mein Look mit meiner dunklen Sonnenbrille. Marke: Dolce&Gabbana. Wer wohl die besten Fotos machen kann? Roxy sicherlich nicht. Sie ist kein Instagram-Mädchen. Auch meine Mutter fliegt raus. Zu ungeduldig. Entweder Pia oder ihre Freundin Alina. Ich entscheide mich für meine Schwester und frage sie beiläufig: »Pia, kannst du ein oder zwei Fotos von mir auf der Wassermelone machen?«

Genervt nimmt Pia mein iPhone entgegen. Sie weiß, was ihr jetzt blüht. Mit meiner Wassermelone im Arm gleite ich ins Meer und versuche, mich bestmöglich in Szene zu setzen. Natürlich ohne dass meine Haare nass werden. »Pia, es soll nicht zu gestellt aussehen, okay?«, rufe ich ihr zu, während ich meinen Bauch einziehe und mit meinen Beinen paddele, um auf Kurs zu bleiben. Dabei lächele ich gezwungen in die Kamera. Nach 15 Minuten steige ich aus dem Wasser, um mir die ersten Ergebnisse anzuschauen, und bin enttäuscht. Die Bilder sind der blanke Horror.

Pia hat sich einfach nicht genug Mühe gegeben. War ja klar, hatte sie doch von Anfang an keine Lust, mich zu fotografieren. Ich bin sauer. Neuer Versuch. Zurück ins Meer. Dieses Mal lege ich mich schräg auf die Melone und blicke bemüht gelangweilt drein. Ich will cool und lässig aussehen. Und Pia fotografiert. Dreißig Minuten lang. Dieses Mal bin ich zufrieden, verlasse den Strand und schlendere zurück zum Haus. Am Meer ist es einfach zu hell. Im dunklen Apartment lassen sich die Fotos deutlich besser bearbeiten. Flink öffne ich AirBrush und beginne mit der Bildbearbeitung.

Zufrieden mit dem Ergebnis schicke ich die Fotos an meine Freundinnen. Via WhatsApp. Während Clara und Jil in Düsseldorf Foto Nummer eins am besten gefällt, finden meine Mitreisenden Roxy, Alina und Pia das zweite besser. Die Mehrzahl siegt. Ich lade das zweite Bild hoch und kontrolliere minütlich die Likes. Auch wenn es okay läuft, bin ich unzufrieden. Wenn du jetzt meinst, dass ich das einzige Instagram-Opfer bin, muss ich dich enttäuschen: **Täglich versenden Tausende Mädchen ihre Fotos an ihre Freundinnen, warten auf Feedback und kontrollieren minütlich ihre Likes.**

Was mich rückblickend verwundert? Keiner meiner Mitreisenden äußerte Kritik. Nicht mal meine Mutter. Vielleicht, weil ihr klar war, dass es nichts bringen würde. Ich war dem

Instagram-Wahnsinn verfallen. Heute, anderthalb Jahre später, frage ich mich, wie mein 26-jähriges Ich derart abhängig von einer App werden konnte, die sich rein um Äußerlichkeiten dreht. Eines ist sicher: Mein 16-jähriges Ich würde sich über meine Wassermelonen-Aktion kaputtlachen und lieber im Meer tauchen. Ungeschminkt. Ohne Haarband, Sonnenbrille, iPhone.

Ab und an vermisse ich mein 16-jähriges Ich, war es doch meinungsstark, selbstbewusst und unangepasst. Mir war die Meinung von anderen damals herzlich egal. Ich habe so wenig der gesellschaftlichen Norm entsprochen, dass ich fristlos entlassen wurde. Aus meiner Modelagentur. Der Grund: Meine Haare sollten für einen Laufsteg-Job gefärbt und kurz geschnitten werden. Ich war generell zu frech für den Job eines Models. Kaum ein Auftrag verging, ohne dass sich der Chef bei meinem Agenten beschwerte. Über mich. In einem halbdurchsichtigen Kleid für die Firma L'Oréal über den Catwalk stolzieren? Nicht mit mir. Monatliche Polaroids im Bikini? Was für eine Fleischbeschauung. Und erst das Catwalk-Training: Welch einfältige Beschäftigung! Die Rolle des wandelnden Kleiderständers missfiel mir zunehmend.

Aber was viel wichtiger ist: Kritik perlte an mir ab. Ohne Spuren zu hinterlassen. Wenn ein Mann beim Casting meine unebenen Gesichtszüge bemängelte und dafür die Länge meiner Beine lobte, wurde ich nur eines: unfassbar wütend. Es berührte mich auch nicht, wenn Menschen in meiner Gegenwart darüber fabulierten, ob meine Nase nun zu lang, mein Mund zu groß oder mein Gesicht vielleicht doch besonders sei. Ihre Gespräche führten nur dazu, dass mein Traum, ein berühmtes Model zu werden, ebenso schnell verpuffte, wie er gekommen war.

**Für mich ist unsere Instagram-Welt heute der verlän-
gerte Arm der Model-Welt von damals. Nur, dass wir alle
mitspielen. Wir sind Models, Fotografen, Auftraggeber
und Kritiker. Wir entscheiden täglich, wer IN und wer
OUT ist. Die Währung unserer Zeit: Likes und Follower.**
Und die Kritik in den sozialen Medien: schlimmer als zu meinen Model-Zeiten. Warum Werbeikone Verona Pooth in einem
Interview mit mir Instagram als die nette Plattform bezeichne-
te, ist mir bis heute schleierhaft. Ich habe nur 4.760 Follower
und erhalte trotzdem regelmäßig beleidigende Nachrichten.

Kostprobe gefällig?

»Mit deiner Hackfresse bringt dir deine dünne Figur
auch nichts.« Der Absender: ein mir unbekanntes vielleicht
15-jähriges Mädchen. WOW. Die Männer von damals würden
dem Mädchen bestimmt gerne zu ihrem scharfen Auge gra-
tulieren. Sie wäre eine gute Modelagentin. Doch anstatt sie
zu blockieren, antworte ich ihr, rechtfertige gar mein äußeres Erscheinungsbild. Danach frage ich meine Freundinnen,
ob sie mich eigentlich hübsch finden. Ich bin mit 26 Jahren
dünnhäutiger, als ich es mit 16 Jahren war. Vielleicht, weil ich
mich dank Instagram täglich der Bewertung meiner Mitmenschen aussetze.

Was mir von meinem Kroatienurlaub bleibt? Eine Hand
voll betrunkener Nächte. Hunderte Fotos. Kein einziger
Glücksmoment, an den ich mich ein Leben lang erinnern werde. Doch wenn Instagram mir mein Urlaubsglück versiebt, gar
dazu führt, dass die anderen Mitreisenden mich nicht leiden
können, so wie es in San Francisco und teilweise in Kroatien
der Fall war, und mich vielleicht gar für unsensibel halten:
Was macht mich im Urlaub wirklich glücklich? Welche Momente berühren nachhaltig mein Herz? Und was war eigentlich meine unvergesslichste Reise?

Notiz an mich selbst:

- Nie wieder auf einer Luftmatratze posieren.
- Mir endlich einen analogen Fotoapparat anschaffen.
- Meine eigenen Bedürfnisse nicht länger über die Interessen meiner Mitreisenden stellen.
- Nicht länger die Gutmütigkeit der anderen ausnutzen. Niemand spielt gerne den Fotografen. Wirklich niemand!!!
- Zurück zu meinem 16-jährigen selbstbewussten, unangepassten Ich finden.
- Weniger Zeit auf Instagram verbringen.

Die Reise meines Lebens

Von meinen Reisen gibt es unzählige Fotos. Momentaufnahmen. WhatsApp-Aufnahmen für meine Familie. Retuschierte Aufnahmen für Instagram. Allein mein iPhone umfasst 16.364 Bilder. Aufgenommen innerhalb eines knappen Jahres. Nur von einem verlängerten Wochenende, das schon eine Weile zurückliegt, gibt es kein einziges Bild. Und das, obwohl es die wohl bedeutsamste Reise meines Lebens war und vermutlich für immer bleiben wird. Hätte ich meine Reise damals dokumentiert, wenn es Instagram schon gegeben hätte? Hundertprozentig. Ob die Reise ebenso bedeutsam für mich gewesen wäre? Auf gar keinen Fall, ich hätte den Großteil meiner Zeit an die App verschwendet.

Juni 2013

Ich studiere im zweiten Semester European Studies an der Universität Maastricht, und meine Reisebegleitung ist neunzig Jahre alt. Meine Uroma. Sie will mir ihre Heimat zeigen. In den Fünfzigerjahren aus der ehemaligen DDR geflohen, möchte sie mir ihr Elternhaus zeigen und dort Zeit mit ihren zwei Schwestern, ihrem Schwager und ihrem Neffen Dieter verbringen. Wir laufen zum Flieger. Sie ist nervös: »Nena, wenn du auch nur einem einzigen Menschen an Bord erzählst, dass ich noch nie geflogen bin, werde ich richtig böse.« Ich muss grinsen.

Wir warten, bis alle eingestiegen sind. Geniert sie sich doch vor den Mitreisenden, dass sie nicht mehr richtig laufen kann. Am Ende hieve ich sie die Stufen hoch. Eine nach der anderen. Wir nehmen Platz und bestellen uns einen Sekt. Verzückt blickt sie aus dem Fenster: »Nena, wir schweben.

Ich fliege. Wirklich. Schau mal, wir sind über den Wolken. Sie sehen aus wie Zuckerwatte.« Nie sah sie jünger aus, nie war ich stolzer auf sie.

Und ich, die schon Hunderte Male geflogen ist, nehme die Welt unter mir zum ersten Mal wahr. Würde es diesen besonderen Moment geben, wenn ich bereits ein Social-Media-Junkie wäre? Vermutlich nicht. Wir würden Selfies machen. Die restliche Flugzeit? An die Filter-App AirBrush verschwenden.

Ihr Neffe holt uns vom Flughafen ab. Nach dreißig Minuten erreichen wir Hohenthurm, den Ort ihrer Kindheit. Die Straßen sind nicht gepflastert. Auch sonst sehen blühende Landschaften anders aus. Kein Wunder, dass meine Uroma geflohen ist, denke ich mir. Was wohl aus mir geworden wäre, wenn ich hier aufgewachsen wäre? Wir halten vor einem in die Jahre gekommenen Haus. Während sie mir das Gebäude und das Grundstück als das achte Weltwunder präsentiert, fühle ich mich fremd, fehl am Platz und verspüre plötzlich das unbändige Verlangen nach einer Zigarette. Ob es hier einen Kiosk gibt? Oder wenigstens ein Taxi, das mich in die nächstgelegene Stadt fährt? Wohl kaum. In diesem Kaff leben wohl nicht mehr als eintausend Menschen.

Mein Gefühl verfliegt in dem Moment, als die Schwestern meiner Uroma anfangen zu weinen, als sie uns erblicken. Nicht, weil sie meine Uroma lange nicht mehr gesehen haben. Vergeht doch seit ihrer Flucht kaum ein Jahr ohne ausgedehnten Heimatbesuch, sondern weil ich dabei bin. Stunden später sitzen wir in der Abenddämmerung beisammen. Essen und Wein werden gereicht, und die Familie schwelgt in Erinnerungen. Geschichten gibt es genug. Anekdoten aus fast einem ganzen Jahrhundert. Lebendiger Geschichtsunterricht eben.

Meine Uroma erzählt, wie ihr verstorbener Mann in Kriegszeiten Abend für Abend, nur in einem Hemd bekleidet, vor ihrer Arbeitsstelle wartete, um sie nach Hause zu begleiten. Als der Winter einbrach, nähte sie ihm einen Mantel. Aus Stoffresten. Es muss eine große Liebe gewesen sein, doch selbst Jahrzehnte später ist meine Uroma noch verwundert, warum er gerade sie auserkor. In ihrer Wahrnehmung hätte mein Uropa wirklich jede haben können. Während sie darüber referiert, wie großartig, wie schön, wie einmalig er war, erkenne ich in ihr die junge verliebte Frau wieder, die sie einst gewesen sein muss.

Auch über ihre Tochter, meine Oma, wird viel gesprochen. Wie lebensfroh sie war, wie pflichtbewusst, wie sie ihre erste Banane auf der Flucht aus der DDR von einem Lkw-Fahrer geschenkt bekam. Und obwohl ich sie nicht kenne, da sie Jahre vor meiner Geburt viel zu früh an Brustkrebs verstorben ist, soll ich viel von ihr haben, meint die Familie. Meine Uroma widerspricht: »Nein, Nena ist optisch das hundertprozentige Abbild von meinem Thomas, ihrem Vater, und hat den widerspenstigen Charakter ihrer Mutter geerbt. Die ist auch so unnachgiebig. Pia, ihre Schwester, hat viel von meiner Ilona. Nicht nur vom Aussehen.« Meine Uroma ist selig. Es ist einer dieser Abende, wo man sich danach sehnt, dass er nie zu Ende gehen mag. Und ich fühle mich vollständig. Angekommen.

Unsere Tagesabläufe während unseres weiteren Aufenthalts gleichen sich: Frühstück, Mittagessen, Kuchen, Abendessen. Gespräche. Erinnerungen. Mir, die normalerweise immer auf Achse sein muss, gefällt urplötzlich die Routine. Und dann gibt es plötzlich doch noch eine Unterbrechung: einen Friedhofsbesuch. Schweigend stehen wir vor dem Grab meiner Ururgroßeltern. Ich lege rote langstielige Rosen nieder, halte die Hand meiner Uroma. Ein berührender Augenblick.

Doch der Moment, der mich rückblickend in Tränen ausbrechen lässt, ist unser Abschied. Von ihrer Heimat. Die Schwestern meiner Uroma weinen. Sie nicht. Entschlossen läuft sie zum Taxi: »Nena, wir drei Schwestern werden uns in diesem Leben nicht mehr wiedersehen, aber das ist in Ordnung. Wir hatten neunzig gemeinsame Jahre. Wer hat das schon? Und du hast Hohenthurm gesehen. Das war alles, was ich noch wollte.« Von ihrer Härte überrascht, blicke ich aus dem Autofenster. Mein Blick ist von Tränen verschleiert. Sie nimmt meine Hand. Zum ersten Mal wird mir ihre Sterblichkeit bewusst. Ein Warnschuss: Sie soll recht behalten.

Zwei Jahre später trinke ich mit ihr und Roxy Jägermeister – wenige Meter vom Krankenhaus entfernt. Meine Uroma sitzt im Rollstuhl. Inklusive Katheter. Über den wir meinen Schal hängen, damit er die anderen Gäste des Restaurants nicht stört. Immer wenn ich weinen muss, ziehe ich meine Sonnenbrille auf, die mit den getönten Gläsern. Meine Uroma bemerkt das glücklicherweise nicht. Roxy schon. Sie ist nicht nur an diesem Abend bei uns. Sie ist die gesamte Zeit da. Ungefragt. Ungebeten. Sie spürt einfach, dass ich sie brauche. Und es vergeht kein Tag, an dem sie nicht irgendetwas für meine Uroma dabei hat. Ihr Obst vom Markt kommt gut an, aber am besten gefällt meiner Uroma das tigerfarbene Nagelset. Während sie für uns als Kinder Pfannkuchen backte, feilen wir ihr jetzt gemeinsam die Fingernägel, richten ihre Haare und unterhalten uns.

Von uns dreien entsteht kein einziges gemeinsames Foto. Wir kommen gar nicht auf die Idee, uns zu fotografieren oder ein Selfie zu machen, sind wir doch zu beschäftigt, die uns verbleibende Zeit zu genießen. Wir sehen auch mitnichten Instagram-tauglich aus. Roxy und ich sind die meiste Zeit ungeschminkt, tragen unsere Haare zum Zopf nach hinten gebunden. Mein Gesicht: geschwollen vom Weinen. Viel wichtiger:

Ich denke gar nicht daran, Instagram zu nutzen, obwohl ich es bereits frequentiere.

Der Anruf meiner Mutter, dass meine Uroma gestorben ist, erreicht mich in der Bibliothek der Universität Maastricht, während ich für meine letzten Klausuren lerne. Sie weint. Ich selbst kann nichts sagen, lege auf, gehe zurück an meinen Schreibtisch und lerne stoisch weiter. Noch Wochen später leugne ich, dass meine Uroma nur noch in meiner Erinnerung lebt. Nicht mal meinen besten Freundinnen erzähle ich von ihrem Tod. Ich möchte nicht bemitleidet werden. Ich funktioniere. Wie ein Roboter. Bestehe meine Abschlussklausuren. Mit Traumnoten. In einem Fach gar als Jahrgangsbeste. Ich fühle: gar nichts.

Der Moment, in dem ich ihre Wohnung betreten muss, ohne dass sie da ist, ist nur eines: grausam. Von dem 92-jährigen Leben meiner Uroma bleiben nicht mehr als ein paar Fotos übrig. Und ein paar gerahmte Bilder von ihrer Tochter, meiner Mutter, Pia und mir, ihren Urenkelinnen. Warum gibt es nicht mehr Bilder? Zumindest nicht, weil es nicht genügend Momente gab. Meine Uroma erlebte diese einfach nur bewusster.

Eine Tugend, die mir fehlt. Heute bereue ich nicht, dass es von unserer Reise kein einziges Foto gibt. Mein Rückblick beflügelt mich mehr, als es ein Foto jemals könnte. Ich brauche auch keine Likes und Kommentare auf Instagram, um zu wissen, dass unsere Reise und die Abschiedsmomente mit ihr und Roxy nachhaltig mein Herz berühren. Das Einzige, was ich bedauere, ist, nicht mit ihr nach China geflogen zu sein. In ihr Sehnsuchtsland. Wären wir wenigstens mit dem Thalys nach Paris gefahren. Unser Wochenende hätte nicht länger als 48 Stunden gedauert. Acht Stunden weniger, als meine monatliche Instagram-Zeit beträgt.

Ich hoffe, sie weiß, was sie mir und meiner Familie bedeutet. Besonders meinem Vater, nicht ihr leiblicher Enkel, war er doch der Sohn ihres Herzens. Ihr Thomas. Wie stolz sie auf seinen Fleiß, seinen Mut und seinen Sinn für die Familie war. Es verging bis zu ihrem Tod kein Tag, an dem er sie nicht anrief. Er war immer für sie da. Obwohl sie nicht seine leibliche Oma war und er von meiner Mutter geschieden ist. Und sie? Dankte es ihm mit einer wahren Affenliebe. Für ihn hätte sie alles getan.

Es gab für sie keinen vollkommeneren Mann als meinen Vater. Außer vielleicht ihren verstorbenen Ehemann. Aber selbst da bin ich mir nicht hundertprozentig sicher. Es heißt immer, Blut sei dicker als Wasser, aber eines ist gewiss: Meine Uroma hätte keinen leiblichen Nachkommen mehr lieben können, als sie meinen Vater liebte. Im Übrigen sollte er ihre Patientenverfügung unterschreiben. Ihm vertraute sie damals ihr Leben, ihren Tod an. Nicht uns.

Und wie stolz meine Uroma auf meine eigensinnige Mutter war. Auf ihren Beruf, ihre Unabhängigkeit, ihren Mut, ein selbstbestimmtes Leben zu führen. Auch wenn sie sie ab und an ermahnte, dass sie noch als Single enden würde, hat sie ihre Enkelin insgeheim stets für ihre Furchtlosigkeit bewundert. Heute glaube ich, dass meine Uroma gerne mehr wie meine Mutter gewesen wäre. Vielleicht, weil meine Mutter die stärkste Frau ist, die ich kenne. Vielleicht aber auch, weil Bildung und ein eigenes Einkommen für meine 1923 geborene Uroma das Wichtigste war.

Blieb ihr doch beides selbst verwehrt. Unzählige Male ermahnte sie mich, später mein eigenes Geld zu verdienen, mich niemals von einem Mann abhängig zu machen. Mich nicht auf meine Optik, sondern ausschließlich auf meinen Intellekt zu verlassen. Einer ihrer Lieblingssprüche: »Mit deinem Aussehen wirst du empfangen, mit deinem Verstand verabschiedet.«

Um meine Studentenbude in Maastricht zu sehen, pfiff sie gar auf ihre eingeschränkte Gehfähigkeit, kroch vier steile Stockwerke hoch. Auf ihren Knien. Für den Anblick meiner ersten eigenen Wohnung hätte sie auch zehn erklommen. Ganz sicher. Mit 91 Jahren. Kaum angekommen, dekorierte sie mein Einzimmerapartment mit Blumen und mitgebrachter Osterdekoration. Dass ich als erste Frau unserer Familie studierte: für sie ein Sieg. Auf ganzer Linie. Viel mehr der Beweis dafür, dass endlich eine neue, bessere Zeit angebrochen ist.

Wenn ich einen einzigen Wunsch frei hätte, würde ich mir wünschen, dass meine Uroma sehen könnte, wie meine Schwester Betriebswirtschaftslehre studiert. Wie sie Mathe und Statistik rockt. Dass Martha ihr sagen kann, wie viel ihr das bedeutet, wie stolz sie auf sie ist. Und ein einziges Mal Pias Studentenwohnung in Düsseldorf sehen dürfte, so wie sie damals meine in Maastricht gesehen hat. Es gäbe nichts, was ihr mehr bedeuten würde. Ganz sicher.

Überhaupt war die Geburt meiner Schwester für meine Uroma ein Geschenk des Himmels. Mit 76 Jahren noch ein letztes Mal ein kleines Mädchen aufwachsen sehen zu dürfen: ihr ganz großes, spätes Glück. Pia machte sie wieder jung. Lebendig. Sie liebte Pias sture Art und dass sie im Gegensatz zu mir so gerne ihre Apfelpfannkuchen aß.

Auch dass meine sechs Jahre jüngere Schwester die für uns mitgebrachte Süß-Tüte jedes Mal fair aufteilte, imponierte ihr. Ich selbst beschiss Pia jedes Mal um ihre Lakritzschnecken. Woher ich das alles weiß? Kurz vor ihrem Tod wollte Martha nur noch eines: immer wieder Fotos von uns zweien sehen, auf denen wir klein waren. Das Fotoalbum im Arm fest umschlungen, strich sie mit ihren Fingern liebevoll über die Bilder.

Irgendwann wird meine Schwester ihr eigenes Unternehmen gründen. Ganz bestimmt. Als erste Frau unserer Familie. Und sie wird brillieren. Während ich dieses Kapitel schreibe, kann ich nicht aufhören zu weinen, ein gutes Gefühl, zeigt es doch, was meine Uroma mir bedeutet, wie sehr sie mich geprägt hat. Ein besseres Vorbild hätte es für mich nicht geben können. Sie war meine zweite Mutter. Auch wenn sie mich im Alter von siebzig Jahren sehr spät bekam.

Notiz an mich selbst:

- Bis zu meinem Lebensende mit Roxy Schad befreundet sein.
- Mit meiner Mutter und meiner Schwester nach Hohenthurm reisen.
- Endlich die aufgeschobene Griechenlandreise mit meiner Schwester nachholen.
- Mit einem Glas Wein in der Hand durch das nächtliche Athen tanzen.

Auf der Suche nach der verlorenen Zeit

Es ist seltsam mit der Zeit. Je langsamer sie vergeht, desto mehr schrumpft sie im Rückblick. Wo sind die Tage geblieben? Ein Grund, warum ich das sehr persönliche, stellenweise gar zu private Kapitel über die Reise mit meiner Uroma und über ihren Tod niederschrieb, ist, dass wir Menschen immer meinen, keine Zeit zu haben. Das ist zum einen unserem flüchtigen Lebenswandel geschuldet, zum anderen unseren Aktivitäten in den sozialen Netzwerken. Auch ich ertappe mich immer mal wieder dabei, meiner Familie ein Treffen oder ein wichtiges Telefonat abzusagen, weil ich zu viel zu tun habe. Zu beschäftigt bin.

Meine Arbeitszeit kann ich nicht minimieren. Eine Karriere entsteht nicht aus dem Nichts, und meine berufliche Tätigkeit ist mir sehr wichtig. Das war schon immer so. Aber jedes Mal, wenn ich mir meine Instagram-Zeit anschaue, fällt mir auf, wie viel Zeit ich auf diesem sozialen Medium verbringe. Obwohl ich meine Zeit mittlerweile schon um die Hälfte minimiert habe, sind es immer noch sieben Stunden. Wöchentlich. Das sind 28 Stunden im Monat. In diesen 28 Stunden könnte ich ganz schön viel Zeit mit meiner Familie, meiner Lebensliebe Caspar und meinen Freunden verbringen. Zum Beispiel vier ausgelassene Abende verleben, 14 Mittagessen genießen oder etliche Telefonate führen. Es muss besser werden.

Solltest auch du so viel deiner Zeit mit Instagram verschwenden, hoffe ich, dich ein wenig wachgerüttelt zu haben. Selbst wenn du nur zwanzig Minuten am Tag auf Instagram verbringst, sind das ganze neun Stunden im Monat. Wache, aktive Zeit. Was spricht dagegen, diese Zeit mit deiner Oma, deinen Eltern oder deinen Freunden zu verbringen? **Sehr wahrscheinlich gibt es eine Person in deinem Umfeld, der es, anders als den Bloggerinas, wirklich etwas bedeuten würde, wenn du ihr deine Aufmerksamkeit schenkst.**

Eine Person, die vielleicht nicht für immer da sein wird. Instagram läuft dir nicht weg. Ganz bestimmt nicht. Die Influencerinnen werden auch später noch ihre langweiligen FitTea-Storys hochladen, von ihrem mondänen Leben schwärmen und dir überteuerte Lippenstifte andrehen wollen. Auch deine Bekannten werden nicht aufhören, ihr ödes Essen oder ihren drögen Sonntagsspaziergang zu posten. Aber die Menschen, die dir in der Realität wichtig sind, werden irgendwann sterben. Das ist dem Lauf des Lebens geschuldet.

Ich verspreche dir hiermit eines: Du wirst es irgendwann bereuen, nicht mehr Zeit mit ihnen verlebt zu haben. Ich bereue es zutiefst, nicht noch mehr Zeit mit meiner Uroma, dieser großherzigen Frau, die mich gemeinsam mit meinen Eltern großzog, verbracht zu haben. Sie hätte es verdient gehabt, dass ich ihr noch viel mehr meiner Aufmerksamkeit und Zeit geschenkt hätte. Stattdessen schaute ich mir schon im Jahr 2015 emsig die Storys der Bloggerinas an. Und mir ist mein Kuhhandel nicht einmal aufgefallen.

Ab und an hatte ich schlicht keine Zeit für ein Telefonat mit meiner Uroma – oder vielmehr: Ich meinte, keine Zeit zu haben. Ich fühlte mich extrem beschäftigt, ohne genau zu wissen, warum. Natürlich ist nicht nur Instagram ein Zeitfresser, es gibt viele weitere. **Aber unsere Instagram-Zeit zu minimieren und diese Zeitersparnis zu nutzen, um den Menschen in unserem echten Leben mehr Aufmerksamkeit zu schenken, ist so einfach!**

Es gibt viele Fragen, die ich meiner Uroma zu gerne noch gestellt hätte. Die mir jetzt niemand mehr beantworten kann. Auch nicht meine Mutter. Zum Beispiel, wie sie ihre Kindheit verbracht hat, wie ihr Verhältnis zu ihrer Mutter war, über die sie nie sprach, ob sie etwas in ihrem Leben bereut hat, was sie ihrem 18-jährigen Ich raten würde. Vielleicht stelle ich viele dieser Fragen deswegen heute in wirklich jedem Interview, das ich führe.

Nicht bereuen werde ich, am Ende meines Lebens weniger Zeit auf Instagram verbracht zu haben. Und soll ich dir noch ein Geheimnis verraten: Die Menschen um dich herum werden dir nicht immer sagen, dass sie dich brauchen. Vielmehr stellen sie ihre eigenen Bedürfnisse für dich vermutlich zurück. Auch ich habe Roxy damals nicht gesagt, dass ich sie brauche. Als sie mich fragte, ob sie ins Krankenhaus kommen soll, sagte ich ihr, dass das nun wirklich nicht nötig sei. Glücklicherweise hörte Roxy nicht auf mich. Sie kam trotzdem.

Wir alle sollten mehr wie Roxy sein, anstatt unsere Zeit damit zu verschwenden, uns die Instagram-Storys der anderen anzuschauen. Vor allem die Storys der Bloggerinas, die wir in der Realität überhaupt nicht kennen und die wir vermutlich auch niemals kennenlernen werden. Unsere Aufmerksamkeit bedeutet ihnen rein gar nichts. Sie wissen nicht mal von unserer Existenz.

Unsere Generation muss endlich lernen, sich weniger mit sich selbst und fremden Menschen zu beschäftigen. Stattdessen sollten wir in der realen Begegnung empathischer für die Belange unserer Mitmenschen sein. Wetten, dass deine Oma oder ein anderer Mensch in deiner Umgebung einsamer ist, als du vielleicht denkst und sich freuen würde, wenn du einfach mal vorbeischaust? Mache nicht denselben Fehler wie ich, warte nicht darauf, dass diese Person dich darum bittet. Tue es einfach! Sei da!

Notiz an mich selbst:

- Weniger Zeit auf Instagram verbringen!
- Mehr Zeit mit den Menschen verbringen, die ich liebe.

Das Frauenbild auf Instagram

Dezember 2018

Bei mir ist der Babyboom ausgebrochen. Nicht bei mir selbst, aber in meinem Instagram-Feed. Influencerinnen und Bekannte von mir posten nicht mehr sich selbst, sondern vor allem ihre Kinder, ihr Zuhause und ihren Ehemann. Und das mit Erfolg: Familienbilder erzielen auf Instagram die meisten Likes. Wesentlich mehr als die Bilder von Uni-Abschlüssen. Das liegt nicht an der Follower-Zahl, sondern daran, dass in unserer digitalen Parallelwelt das veraltete Rollenbild der Frau zu Hause am besten ankommt. Ich frage mich schon seit Längerem: **Wieso ist eine Verlobung auf Instagram mehr wert als ein akademisches Diplom? Und wie kann eine Hochzeit beim Verteilen der digitalen Aufmerksamkeit gar einen Doktortitel schlagen?**

Was ich besonders skurril finde: Frauen bezeichnen sich in ihrer Instagram-Biografie am liebsten als Wifey und Mutter. Direkt hinter ihrem Namen. Es fehlt nicht mehr viel, und sie ergänzen noch den Beruf ihres Mannes. Inklusive seines Einkommens. Es scheint, als würde das Lebensziel vieler Frauen ausschließlich darin bestehen, den perfekten Mann zum Heiraten zu finden. Vermutlich sollte man ein Magazin für Hausfrauen gründen. Inklusive Koch- und Schminktipps und einer Anleitung, wie man die Schuhe des Gatten so richtig zum Strahlen bringt. Ein Gutschein für Bodenreiniger in der Beilage wäre auch gut. Ich bin mir sicher: Das Magazin würde laufen. Außer ich wäre die Chefredakteurin. Ich kann nicht mal eine ordentliche Pasta kochen, aber ich schweife ab.

Eine Studie der MaLisa Stiftung, gegründet von der Schauspielerin Maria Furtwängler und ihrer Tochter Lisa,

zeigt, dass sich die Instagram-Stars gerne in veralteten Ge-
schlechterrollen präsentieren. Die Frauen sind süß und pas-
siv, halten ihren Verlobungsring in die Kamera und zeigen
sich eher zu Hause anstatt bei einer beruflichen Tätigkeit.
Daheim wird genäht, gekocht, gebastelt, dekoriert. Oft geht
es auch um Mode- und Beautytipps. In ihrer Darstellung orientieren sich die Frauen an dem Instagram-Idealbild: jung,
hübsch, schlank und sexy. Und ihre Follower orientieren sich
wiederrum an ihnen.[11]

Die Studie belegt, dass die befragten weiblichen Followerinnen von Dagi Bee bei ihren Bildern zu einhundert Prozent ihre Haut mit Apps optimieren. Das bedeutet, Mädchen,
die Influencerinnen folgen, die das klassische Instagram-
Beautyideal repräsentieren, ahmen das selbst nach. **Wenn
die eigene Erscheinung der Mädchen für das Erreichen
des Influencer-Standards nicht reicht, wird mit Inszenie-
rungstricks und Filtern zur Optimierung nachgeholfen.**
Es kommt zu einer Verzerrung des Verständnisses davon, was
natürlich und spontan ist.

Ich muss zu meinem Leidwesen zugeben, dass ich selbst
das veraltete Frauenbild auf Instagram mit meinen Inhalten
befeuert habe und es teils immer noch tue. Denn auch auf
meinen Bildern habe ich weißere Zähne als in der Realität,
ein lupenreines Hautbild und ein schmaleres Gesicht. Dank
des Zauberstabes der Filter-App AirBrush. Ich bin also keinen Deut besser als die Bloggerinas. Ich bin eine digitale Täuschung. Eine Lüge.

Ich befürchte, dass wir dank Instagram die Generation der heranwachsenden Mädchen schwächen. **Wie sollen
wir Frauen ein gesundes Selbstbewusstsein aufbauen,
wenn wir uns auf Instagram ständig mit den anderen
vergleichen? Wie können wir glücklich sein, wenn unser**

Selbstbild dank Instagram verzerrt ist? Und wieso müllen wir unseren Kopf mit den Storys fremder Menschen zu, anstatt uns auf unsere beruflichen Ziele, unser Leben, uns selbst zu konzentrieren?

Wir müssen aufpassen, dass wir nicht die unselbstständigste Generation junger Frauen seit den Fünfzigerjahren großziehen. Vielmehr dürfen wir nicht länger tatenlos dabei zusehen, wie Instagram Mädchen dazu animiert, sich auf ihr Äußeres und ihr Leben daheim zu reduzieren. Und wir müssen endlich aufhören, gegeneinander in den digitalen Wettbewerb zu treten – darum, wer die Schönste ist.

Der Privatjet und meine Mutter

Januar 2019

Es gibt Sätze zwischen Menschen, die sehr grausam sind. Oft weil das Gegenüber einem den Spiegel vorhält. Zwischen mir und meiner Mutter ist es der Satz: »Ich bin nicht stolz auf dich.« Damit meint sie nicht wirklich mich, sondern mein Instagram-Ich. Zu oberflächlich, zu arrogant, zu einfältig, zu wenig Leben. Aber beginnen wir von vorne.

»Nena, ich habe gestern Nacht lange mit David telefoniert«, berichtet mir meine Mutter bei einem unserer täglichen Telefonate. David ist ihr Pflegesohn. Er lebt mittlerweile in Thailand, aber die zwei sind ständig in Kontakt.

»Ach ja, und wie geht es ihm so?«, erkundige ich mich. Desinteressiert. Ich greife zu meinen Magazinen, stelle das Telefon auf laut. Dieses Gespräch kann dauern.

»Ganz gut, aber sag mal, seit wann fliegst du denn in einem Privatjet durch die Gegend?«

Ich klappe die *VOGUE* zu. Sie hat mein Interesse geweckt: »Tue ich doch gar nicht. Wie kommst du denn dadrauf? Ich saß noch nie einem Privatjet, aber das weißt du doch auch.«

Munter antwortet meine Mutter: »Ist doch nichts Schlimmes, Nena. Muss dir nicht peinlich sein. Du kannst ruhig dazu stehen. David hat es mir sowieso schon erzählt. Er hat es wohl auf deinem Instagram-Profil gesehen.«

Stirnrunzelnd öffne ich meine Timeline und scrolle durch meinen Feed. David meint doch wohl nicht ernsthaft das Bild, auf dem ich vor einem etwas klein geratenen Passagierflugzeug der Fluggesellschaft Eurowings posiere? Oder etwa doch?

»Mama, keine Ahnung, was David dir da erzählt hat, ich bin vor Kurzem mit Eurowings geflogen. Beruflich. Für ein Interview mit unserer Digitalministerin Dorothee Bär. Das hätte David auch gewusst, wenn er sich meine Storys angeschaut hätte. Der Flug hat einhundert Euro gekostet. Hin und zurück. Und im Übrigen hat ihn das Handelsblatt gezahlt«, entgegne ich ihr. Genervt.

»Ach so, aber Schätzchen, du solltest wirklich aufpassen, was du da auf Instagram immer so von dir gibst. David hat mir anvertraut, dass viele deiner alten Schulfreunde dich für arrogant halten und meinen, dass dein Lebensstil nicht zu deinem Einkommen passt. Sie sagen, du seist abgehoben und realitätsfern. Und das bist du doch gar nicht. Diese Vorurteile sind doch doof und leicht aus der Welt zu schaffen«, erklärt sie.

Ich weiß: Sie meint es nur gut, möchte mich warnen und beschützen, aber ich werde rasend wütend. Auf David. Und auf sie. Hat sie mir doch von klein auf gepredigt, dass es irrelevant ist, was meine Mitmenschen über mich denken. Ihre Meinung: Besondere Menschen ecken eben an. Und noch mehr Ja-Sager kann unsere Welt nicht ertragen.

Unser Telefonat droht zu entgleiten. Am liebsten würde ich ihr jetzt sagen, was ich eigentlich von ihrem Pflegesohn und seinem Leben in Thailand halte, aber zwinge mich, ruhig zu bleiben. Mein Ärger führt zu nichts, ich wähle meine Worte mit Bedacht: »Weißt du, Mama, lass uns doch einfach mal in Ruhe zusammensetzen und über die sozialen Medien sprechen. Wir können daraus vielleicht sogar ein Interview für *Orange* machen? Ich hatte das vor einigen Wochen, nach einer unserer leidigen Social-Media-Diskussionen, schon mal meinem Chef Andreas vorgeschlagen, und er fand die Idee spannend. Was hältst du davon?«

Ihre Antwort folgt prompt, als hätte sie nur darauf gewartet: »Gerne, mein Schatz. Das machen wir. Das Thema interessiert bestimmt viele eurer Leser. Ich komme morgen Abend bei dir vorbei, ja? Machst du für uns deine Gemüsesuppe?«

Nachdem ich unser Gespräch erfolgreich meinem Chef verkauft habe, bin ich jetzt so richtig motiviert. Mein Handy klingelt: »Schatz, ich stehe im Aufzug, holst du mich hoch? Es funktioniert mal wieder nicht.«

Genervt schlurfe ich zum Aufzug. »Mama, du musst dich auch in den Aufzug reinstellen«, schreie ich durch den Flur.

»Weiß ich doch, Nena, aber irgendwie lande ich immer in der vierten Etage«, tönt es fröhlich von unten. Während ich mich frage, ob sie unser Aufzugssystem jemals begreifen wird, springen die Türen auch schon auf. Stürmisch wie immer begrüßt sie mich, gefolgt von einem Redeschwall: »Wie schön, dass du heute endlich mal mit mir darüber sprechen möchtest. Ich kann dir so viel erzählen. Erst heute wieder: Anstatt, dass meine Freundin Gaby mich mal zurückruft, schreibt sie mir WhatsApp-Nachrichten. Also, ich telefoniere ja lieber. Was soll dieses Geschreibe? Ach, du hast ja wirklich Gemüsesuppe gemacht, wie schön. Hast du einen Teller für mich? Und einen Löffel?«

Ungehalten unterbreche ich sie: »Mama, so funktioniert das nicht. Ich möchte unser Gespräch veröffentlichen, also lass uns bitte eine Interviewsituation simulieren. Das bedeutet, ich stelle die Fragen, du antwortest. Wenn möglich bitte kurz und knapp. Lass uns loslegen.« Sie nickt. Ich traue ihrer Zustimmung nicht. Kurze Antworten waren noch nie ihre Stärke. In unserer Familie werden gerne lange, ausschweifende Monologe gehalten.

Mama, warum hast du eigentlich kein Facebook? Alle älteren Menschen nutzen doch Facebook.
Nena, ich bin eine Freundin des direkten Gesprächs. Von zeitversetzten Dialogen halte ich nichts. Früher gab es Brieffreundschaften. Die wollte ich auch nie haben. Ich habe vielleicht nicht tausend Freunde wie du bei Facebook, aber dafür fünf richtige, mit denen ich ständig im Austausch bin.

Kann ich nicht beides haben?
Nein. In der realen Welt hast du keine Zeit für so viele Menschen.

Das stimmt, aber Facebook hat auch Vorteile. Wenn ich verreise, kann ich mir vorher Tipps einholen. Einmal wurde ich sogar zu einer exklusiven Ausstellung in Paris eingeladen. Ist dir so was schon mal passiert?
Ja, im realen Leben. Ich war jung und wurde von mehreren Italienern in der Nähe von Garda in eine Nobeldiskothek eingeladen. Dafür brauchte ich nicht mal irgendwelchen virtuellen Reiseführern zu folgen.

Okay, Punkt für dich. Aber wie sieht es aus mit Instagram? Das ist vor allem eine Bilder-Plattform. Warum nutzt du das nicht?
Wir wissen beide, dass das Leben nicht nur schön ist. Aber was ich bisher von Instagram gehört habe, suggeriert es Perfektion. Alle

sind hübsch, alle sind reich, machen die tollsten Reisen und jedes Abendessen ähnelt einem Dinner im Sterne-Restaurant. Mich würde es unzufrieden machen, wenn ich mir dauernd Frauen in meinem Alter ansehen muss, die mithilfe der Filter aussehen wie vierzig. Nein, danke.

Denen musst du auf Instagram ja nicht folgen.
Ich will überhaupt niemandem folgen. Das entspricht einfach nicht meinem Naturell. Deinem im Übrigen auch nicht. Und wusstest du, dass das Wort Follower zu meinen Zeiten ein Schimpfwort war? Ich meine: Wer folgt denn gerne anderen Menschen?

Du könntest dir meinen Instagram-Account ansehen.
Klar – und worüber sollen wir uns dann noch unterhalten? Du postest doch alles auf Instagram: dein neues Kleid, Fotos aus dem Urlaub, Weinabende mit deinen Freundinnen. Das sollst du übrigens lassen, meint dein Vater. Er hat Angst, dass deine Community denkt, du seist eine Alkoholikerin. Und mich nervt es, dass meine Freundinnen mir dauernd von deinem Leben erzählen. Dank dieser bescheuerten App. Wenn ich selbst auch noch deinen Instagram-Account verfolgen würde, hätten wir beide doch gar kein Gesprächsthema mehr. Ich frage mich ohnehin: Worüber

unterhältst du dich eigentlich noch mit deinen Freundinnen?

Stimmt gar nicht. Schau dir mal mein Profil an.

Meine Mutter scrollt genervt durch meine Instagram-Timeline und murmelt vor sich hin:

Was soll das Bild denn? Warum postest du so was? Ach, das Bild ist aber schön von dir – tolles Kleid. Aber was ist das denn für ein Foto? Da bist du mir fremd, Nena. Du wirkst so arrogant. So bist du in der Realität doch gar nicht. Als Kind hast du dich für arme Menschen eingesetzt, in deiner Freizeit Geld für krebskranke Kinder gesammelt. Das ist meine Tochter. So haben wir dich erzogen. Nicht zu dieser Instagram-Frau, die ihre Zeit damit verbringt, sich konstant selbst zu inszenieren. Ich verstehe deine Welt einfach nicht mehr. Warum musst du bloß mit deinen Luxushandtaschen, deinem Schmuck und deinen mondänen Urlaubsreisen angeben? Vor allem weil nicht du selbst, sondern dein Vater und dein Freund Caspar dein luxuriöses Leben größtenteils finanzieren. Kommunizierst du das auch auf Instagram? Ach, egal. Heute Morgen war ich mit deiner Schwester im Fitnessstudio. Und was macht sie? Fotografiert erst mal ihren Stepper ab. Wen interessiert das denn? Was will sie damit bezwecken? Warum macht sie das?

Es geht doch nicht um Selbstdarstellung. Für mich ist Instagram mein persönliches Fotoalbum.
Ich habe auch eines, aber in gebundener Form. Da weiß ich wenigstens, wem ich meine Bilder zeige. Am Mittwoch nehme ich es mit zur Arbeit, um meinen Kollegen meine Urlaubsbilder

zu zeigen. Die Party- und Badefotos entferne ich vorher. Selbstverständlich.

Deine armen Kollegen. Auf Instagram kann wenigstens jeder selbst entscheiden, ob er meine Fotos sehen will. Wenn du mit deinen zweihundert Bildern unterm Arm ankommst, kann ja keiner wegschauen.
Ein Punkt für dich und dein Instagram. Aber jetzt habe ich mal eine Frage: Wie viel Zeit verbringst du eigentlich damit, anderen Menschen zu folgen und deine Bilder hochzuladen?

Ich checke meine Bildschirmzeit und lese zögerlich vor: Eine Stunde und 31 Minuten. Täglich. Ich bin ein wenig erleichtert. Letzte Woche lag ich noch über zwei Stunden. Deutlich. Meine Mutter ist schockiert:

Du verpasst wichtige Stunden deines Lebens, Nena! In dieser Zeit könntest du eine Sprache lernen oder dich ehrenamtlich betätigen. Du könntest wirklich etwas verändern.

Na ja, dafür schaue ich kein Fernsehen. Instagram ist mein Hobby, und es gibt Accounts, die mich wirklich inspirieren.
Das nehme ich dir nicht ab. Du erzählst dir selbst Geschichten. Die wenigsten Menschen verbringen ihre Zeit auf Instagram, um sich Mode- oder Wohntipps zu holen. Das weiß selbst ich, ohne Instagram zu nutzen. Sie schauen sich lieber das Leben der anderen

an und fühlen sich danach schlecht. Wenn du dich wirklich nur inspirieren lassen würdest, wäre das für mich völlig in Ordnung.

Zum Facebook-Konzern gehört neben Instagram ja auch WhatsApp. Da bist du selbst aktiv und mit Profilfoto vertreten. Warum?
Ganz einfach: Wenn ich WhatsApp löschen würde, könnte ich mich mit vielen meiner Freundinnen nicht mehr verabreden. Alle kommunizieren mittlerweile via WhatsApp, während das Telefonieren völlig eingestellt wird. Ich würde viele meiner sozialen Kontakte verlieren.

Glaubst du, eine Welt ohne die sozialen Medien wäre besser?
Ja. Auf jeden Fall. Instagram gehört auf jeden Fall gelöscht. Diese App macht alle Menschen nur kirre. WhatsApp ist vielleicht noch ganz hilfreich für Menschen, die durch Auslandsaufenthalte voneinander getrennt sind. Social Media überwindet Grenzen. Das ist schon eine tolle Sache, aber ich finde: Menschen, die in einer Stadt leben, brauchen miteinander nicht via WhatsApp zu kommunizieren.

Meine Mutter und ich haben schon oft über Instagram und Co. debattiert, aber unser Gespräch nach Transkription schriftlich zu sehen, macht mich nachdenklich. Ich öffne mein Instagram-Profil und scrolle durch meine Fotos. Hier und da drücke ich auf archivieren. Andere lösche ich komplett. Zu privat. Was ist, wenn meine Mutter recht hat? Wirke ich auf meinem Instagram-Profil arrogant? Kann es sein, dass mein Umfeld von meinem Instagram-Profil negativ beeinflusst wird? Verpasse ich dadurch Begegnungen in der realen Welt, die mich nachhaltig inspirieren, schlicht glücklich machen würden?

Ein paar Tage nach unserem Interview bitte ich Caspar, ein Foto von mir zu machen und lächele in die Kamera. Mir reicht eine einzige Aufnahme. Einen Filter verwende ich trotzdem. Dann lade ich es hoch und schicke es meiner Mutter mit den folgenden Worten weiter: »Wie findest du mein neuestes Foto? Das war ein Schnappschuss, hat nur eine Sekunde gedauert. Und es ist viel natürlicher. Manchmal höre ich ja doch auf dich. Ich habe dich sehr lieb.« Ihre Antwort folgt prompt: »Mein Schatz, wie hübsch du aussiehst, wie du strahlst. Aber ich würde mir wirklich wünschen, dass du dieses Bild nicht auf Instagram hochlädst, sondern es eine private Erinnerung bleibt, die dich an unser Gespräch erinnert. Und schalte doch mal dein Handy aus. Dein iPhone nimmt dir deine Unbeschwertheit. Genieße lieber den Tag mit Caspar. Ich habe dich lieb und bin sehr, sehr stolz auf dich. Habe einen schönen Tag. Liebe Grüße an Caspar. Kuss, Mama.«

Notiz an mich selbst:

- Meinen Instagram-Auftritt überprüfen.
- Meine Instagram-Zeit deutlich verringern; den Instagram-Timer auf dreißig Minuten stellen.
- Öfter auf meine Mutter hören und nicht immer genervt auf ihre Ratschläge reagieren. Denn Mütter sind dafür da, ehrlich zu sein, uns einen Spiegel vorzuhalten und uns dann und wann zu ermahnen.

Mein Digital-Detox-Wochenende

Juni 2019

Caspar und ich sitzen auf unserer Couch. Er liest *The Economist*, ich *Die Bunte*. Ich tippe ihn an: »Du Caspar, ich glaube, ich lasse mein Handy dieses Wochenende mal zu Hause. Und übe mich im Digital Detox. Glaube, das Gardasee-Wochenende wird schöner, wenn ich mein Handy nicht mitnehme«, erkläre ich ihm mit stolz geschwellter Brust, als hätte ich gerade erfahren, für einen Journalistenpreis nominiert zu sein.

Entsetzt schaut Caspar mich an: »Das machst du auf gar keinen Fall, Nena. Wirklich, ich meine das ernst. Von mir aus schalte es aus, aber ich habe keine Lust nach einem Tag zurückzufliegen, weil du Heimweh nach deinem Handy hast.«

Mein Kompromiss: »Okay, ich nehme mein Handy mit, aber lasse es ausgeschaltet im Auto liegen. Wenn wir das Auto direkt vor dem Haus abstellen, kann überhaupt nichts schiefgehen.«

Mein Freund lacht und möchte über die Dauer meines Handyentzuges Wetten abschließen. Blödmann.

Kaum in Italien gelandet, schalte ich mein Handy aus. Familie, Freunde und Instagram-Follower sind informiert. Caspar und ich steigen in unser gemietetes Cabrio, fahren los, hören unsere Lieblingsmusik. Ein perfekter Moment, wäre da nicht der Gedanke an mein iPhone im Handschuhfach. Wie gerne würde ich jetzt eine Instagram-Story drehen, der Gardasee ist einfach zu schön. Das Gute: Es ist nicht möglich. Anstatt wie sonst auf mein Handy zu schauen, betrachte ich die Landschaft. Und Caspar. Warum habe ich ihn in den letzten Jahren eigentlich nicht öfter beim Autofahren beobachtet? Er sieht ziemlich süß aus. Tja, ich war zu beschäftigt damit, mir das perfekte Leben der anderen anzusehen oder die Landschaft zu fotografieren.

Wir kommen bei unseren Freunden an, und Caspar und die beiden begrüßen sich herzlich. Für mich: ein berührender Moment. Es ist ein Beweis dafür, dass es Freundschaften gibt, die man nicht jeden Tag pflegen muss, aber die immer da sind. Den Tag verbringen wir am Pool. Hören Musik. Bräunen uns. Später sitzen wir auf der Terrasse bei einem Glas Wein zusammen, unterhalten uns. Plötzlich, mitten im Gespräch, schauen alle drei Jungs gleichzeitig auf ihr Handy. Irgendwie sehen die drei lächerlich aus, wie sie da so sitzen und auf ihr iPhone starren. Ich greife zu dem *ZEITmagazin* neben mir und komme mir sehr intellektuell vor. Generell lässt die Sehnsucht nach meinem Handy nach. Ich fange an, mein Digital-Detox-Wochenende zu genießen.

Beim Abendessen und in der Diskothek trinken wir Wein. Zu viel Wein. Auf jeden Fall für mich. Den drei Männern scheint es weniger auszumachen. Betrunken stolpere ich durch den Club und verspüre plötzlich das unbändige Verlangen, meiner besten Freundin Jil zu schreiben. Caspar ist nicht da. Auf jeden Fall sehe ich ihn nicht. Besser so.

Ich leihe mir Benes Handy aus und haue eifrig in die Tasten: »Jil, es ist so schön hier, aber ich vermisse dich. WAHNSINNIG. Ich würde so, so, so gerne mit dir tanzen. Vermisse dich SEHR. Wir müssen hier mal zusammen hinfahren. Bin übrigens gerade recht angetrunken.« Jil antwortet. Sofort. Wir schreiben hin und her. Ich schicke Jil noch ein witziges Video von mir, bevor ich Bene hoheitsvoll sein Handy zurückgebe. Ich habe kurz geschummelt. Das wird wohl erlaubt sein.

Die nächsten Tage frönen wir unserem Sommer. Mit baden, essen, Wein trinken, Gesellschaftsspielen, dem Song *Felicita* in Dauerschleife. Mir fällt auf, dass die Jungs kaum mit ihren Handys beschäftigt sind. Ich frage sie nach ihrer Instagram-Zeit. Die erschreckende und zugleich positive

Antwort: unter zehn Minuten. Am Tag. Keiner von ihnen ist süchtig nach Instagram. Ich schon. **Ich bin eine Süchtige auf Entzug.** Auch wenn dieser bisher gar nicht so schwer ist, wie gedacht. Mein Verlangen, jeden Moment auf Instagram festzuhalten, wird von Tag zu Tag weniger.

Ich beginne, den Augenblick zu genießen. Zu fühlen. Zu erleben. Ich habe mich immer darüber gewundert, wie meine Mutter von ihren jährlichen Urlauben in Kroatien schwärmt. Kroatien ist zu ihrem Sehnsuchtsland geworden. In diesen drei Tagen wird der Gardasee zu meinem Ort der Sehnsucht. Ich verliebe mich in die Farben, die Landschaft. Vielleicht, weil ich alles viel deutlicher wahrnehme als durch meine iPhone-Kamera.

Und Caspar und ich? Wir sind glücklich. Unverschämt glücklich. Vielleicht, weil sein Gesicht das Letzte ist, was ich beim Einschlafen sehe – und das Erste beim Aufwachen, greife ich doch nicht wie gewöhnlich direkt zu meinem Handy, um Instagram zu checken.

Am Tag unserer Abreise sprinte ich zum Auto. Die Behauptung gegenüber Caspar, dass ich mich nicht auf mein Handy freue, ist glatt gelogen. Während ich renne, frage ich mich: Hat mein iPhone noch genügend Akku? Werde ich es direkt einschalten können? Kann ich es im Auto aufladen? Wie viele Nachrichten habe ich wohl in der Zwischenzeit erhalten? Und was habe ich auf Instagram alles verpasst? Das Auto ist verschlossen. Ich werde nervös und schreie: »Caspar, kannst du schnell das Auto aufschließen? Bitte?« Der Pieper summt. Geschwind reiße ich die Tür auf, öffne aufgeregt das Handschuhfach, setze mich ins brütend heiße Auto und schalte mein Telefon ein.

Der Apfel erscheint. Hektisch tippe ich meinen Code ein. Es lädt. Dauert das immer so lange? WhatsApp öffnet sich. Und: Nichts. Niemand hat mir geschrieben. Niemand hat mich vermisst. Nicht mal mein Vater. Klar wussten alle, dass ich in Italien nicht erreichbar sein werde. Trotzdem. Es macht mich traurig. Auch mein Instagram-Feed wirkt auf mich völlig belanglos. Überflüssig. Über die meisten Posts meiner Bekannten muss ich sogar schmunzeln.

Über die der Bloggerinas sowieso. Auf einmal frage ich mich: Wieso schaue ich mir diesen ganzen digitalen Müll überhaupt an? Interessiert es mich wirklich, dass diese oder jene gerade Bananenbrot backt, dass Bloggerina Carmushka eine Frühstücks-Bowl mit Schokolade isst oder dass sie gerade den Store Manager von EDITED getroffen hat? Nein. Wozu stopfe ich mir also all diese überflüssigen Informationen in meinen Kopf? Was bringt mir das?

Seit meinem Digital-Detox-Wochenende schalte ich mein Handy öfter aus und genieße den Moment mit dem Wissen, dass ich sowieso nichts verpassen werde. Denn eines ist mir bewusst geworden: **Es ist viel wertvoller, Erlebnisse mit Menschen zu teilen, die in der Realität anwesend sind, anstatt sie digital für die Aufmerksamkeit von Fremden zu zelebrieren.** Ich sollte noch viel mehr den Augenblick genießen, der so schnell verfliegt, anstatt meine kostbare Lebenszeit dafür zu nutzen, mich selbst im besten Licht zu präsentieren oder mir das Leben der anderen anzuschauen.

Notiz an mich selbst:

- Jährlich mindestens drei Digital-Detox-Wochen einlegen.
- So wenig wie möglich posten.
- Meiner Freundin Jil für immer volltrunkene Nachrichten schreiben. Es macht mich wirklich glücklich, sie live dabei zu haben. Danke, iPhone!
- Auf der Stelle der Bloggerina Carmushka entfolgen.

Die Hochzeit meines Kindheitsfreundes

Juli 2019

Das ist kein Warnschuss und kein Schuss vor den Bug. Es ist ein Volltreffer. Mein Kindheitsfreund heiratet. Und ich bin nicht eingeladen. Kein Wunder, vor fast fünf Jahren haben wir uns zerstritten. Es ging um Nichtigkeiten. Besser gesagt, war ich eine unreflektierte selbstherrliche 22-Jährige, die über Dinge sprach, von denen sie rückblickend rein gar nichts verstand. Mein dramatischer Auftritt in einer Düsseldorfer Bar ist mir bis heute furchtbar unangenehm. Ich würde vieles dafür geben, diesen Abend ungeschehen zu machen. Denn nach dieser Nacht beendete er unsere Freundschaft für immer. Und das zu Recht. Ich hatte seine Freundschaft nicht länger verdient.

Damit, dass wir keine Freunde mehr sind, habe ich mich längst abgefunden. Spätestens als er mir bei dem Tod meiner Uroma nicht kondolierte. Obwohl wir seit fünf Jahren keinen Kontakt mehr haben, bin ich bei seiner Hochzeit live dabei. Dank Instagram. Ich sehe die Standesbeamtin, die weiße Bestuhlung, ihn strahlend mit rosafarbener Fliege, seine Braut im weißen Kleid, seine Familie, einen gemeinsamen Jugendfreund.

Von gemeinsamen Weggefährten wusste ich bereits, dass er heiratet und Vater wird, aber die Bilder zu sehen, digital live dabei zu sein, ist etwas anderes, es trifft mich. Bis ins Mark. Er war schließlich während unserer Schulzeit immer an meiner Seite. Gemeinsam absolvierten wir zwei Tanzkurse, fuhren mit dem Auto meiner Mutter – ohne Führerschein – über die Straßen des Willicher Stahlwerks, philosophierten bis zum Morgengrauen über Politik und Wirtschaft. Ein Abend endete gar damit, dass mein Vater ihm nicht mehr traute. Der Grund: Er brachte mich zu betrunken nach Hause. Unserer Freundschaft tat das keinen Abbruch.

Auch meine feministischen Überzeugungen habe ich teilweise ihm zu verdanken; er schenkte mir nach einem Streit mein erstes feministisch geprägtes Buch. Vor seinem Aufbruch ins amerikanische Internat verabschiedete ich ihn, blieb nachts wach, um seinen Anruf nicht zu verpassen, holte ihn nach seinem Highschool-Jahr gemeinsam mit seinen Eltern vom Flughafen ab. Backte ihm zu seinem 18. Geburtstag einen Kuchen und war anlässlich seines bestandenen Abiturs bei seiner Familie zum feierlichen Mittagessen eingeladen.

Noch heute weiß ich, wie er lacht und wie er schaut, wenn er sich echauffiert. Es war eine große, besondere Freundschaft, die elf Jahre hielt und zahlreiche Stürme überstand. Vielleicht bin ich deswegen heute noch traurig, wenn ich an ihn denke, habe ich doch nicht nur meinen besten Freund, sondern meinen vertrauten Weggefährten verloren. **Und mit jeder tiefen Freundschaft, die in die Brüche geht, gehen immer auch gemeinsame Erinnerungen verloren. Das ist schmerzlich, aber unaufhaltsam.**

Hätte mir jemand vor zehn Jahren gesagt, dass ich nicht zu seiner Hochzeit eingeladen sein würde, hätte ich diese Person schlicht ausgelacht. Ein Leben ohne meinen Kindheitsfreund: für mich damals einfach unvorstellbar. Rückblickend war unsere Beziehung tiefer gehend als die zu meiner Jugendliebe. Ich erinnere mich noch, wie wir mit Anfang zwanzig in einem Restaurant zusammensaßen und darüber philosophierten, wer aus unserer Clique wohl zuerst heiraten würde. Wir schlossen Wetten ab. Ich setzte auf einen Jugendfreund von uns. Nicht auf ihn. Er setzte auf mich.

Ein Gefühl von Wehmut überfällt mich. Obwohl mein Kopf weiß, dass eine Freundschaft zwischen uns heute gar nicht mehr möglich wäre. Wir sind nicht mehr dieselben. Das Leben hat uns verändert. Die Entscheidungen, die wir getroffen haben, haben uns zu den Erwachsenen, die wir sind, geformt. Leider hört mein Herz nicht auf rationale Argumente.

Mit meinem Handy in der Hand öffne ich das Fenster, setze mich auf die Fensterbank, zünde mir eine Zigarette an und hadere mit mir selbst: Warum verfolge ich via Instagram einen Menschen, der kein Teil meiner Gegenwart sein möchte? Hätte mich seine Hochzeit ebenso sehr erschüttert, wenn ich sie nicht hätte digital mit ansehen können? Bestimmt nicht. Ich bin nicht die Einzige, welche die Menschen aus ihrer Vergangenheit stalkt. Erst vor wenigen Tagen schickte mir meine Schwester ein Bild von ihrem Ex-Freund. Wange an Wange mit seiner Neuen. Die Quelle: Instagram.

Früher war das nicht möglich. Wenn etwas zu Ende ging, war es endgültig vorbei. Die einstigen Weggefährten sah man höchstens alle zehn Jahre beim Klassentreffen wieder. Heute werden wir jedoch, teilweise täglich, mit ihrem neuen perfekten Leben konfrontiert. Oft weichgezeichnet. Dank Filter-Apps. Warum tun wir uns das an? Ist es Masochismus? Wollen wir uns selber wehtun? Oder ist es die Neugierde, die uns antreibt?

Ich drücke meine Zigarette in dem Aschenbecher neben mir aus, zünde mir sofort die nächste an und wähle die Nummer meiner Mutter, ist sie doch seit jeher in den Bereichen Freundschaft und Liebe meine wichtigste Ratgeberin. Sie geht glücklicherweise direkt an ihr Handy. Ich schildere ihr detailliert die Hochzeit meines Kindheitsfreundes und schicke ihr Screenshots von den Instagram-Aufnahmen.

Ihre Antwort ist unerwartet: »Nena, ich weiß das schon seit März, aber was hätte dir dieses Wissen gebracht? Im Übrigen wollte er auch nicht, dass du es weißt. Und warum grämst du dich so? Dein Leben ist wie ein Zug. Manche Menschen werden dich bis zum Ende deiner Reise begleiten. Roxy, Clara und Jil sind dafür gute Beispiele. Hoffentlich verlasst ihr deinen Zug am Ende gemeinsam. Auch dein bester Freund Sascha. Eure Verbindung ist sehr besonders. Bei euch beiden habe ich immer an die für immer währende Freundschaft geglaubt. Ihr seid euch sehr ähnlich und braucht einander. Das war schon so, als ihr jünger wart. Nena ohne Sascha, Sascha ohne Nena: unmöglich. Andere verlassen dich an einer Haltestelle. Dafür steigen neue Leute wie deine Unifreunde Carlo und Severin dazu. Wäre doch auch irgendwie langweilig, wenn du dich immer nur mit denselben Menschen unterhalten müsstest«, erklärt sie mir.

Das ergibt Sinn, aber es befriedigt mich nicht. Ich angle erneut nach meiner Schachtel Zigaretten. Tränen laufen über mein Gesicht. Ich kann einfach nicht aufhören zu weinen: »Vielleicht hast du recht, aber wie viele Menschen werde ich in meinem Leben treffen, die mein Herz berühren? Er hat mein Herz berührt, und die Erinnerung an ihn tut es bis heute. Wird mein Zugabteil nicht irgendwann ganz schön leer sein?«

Schweigen am anderen Ende der Leitung.

Während ich mir meine vierte Zigarette anstecke, antwortet meine Mutter: »Du hast recht. In deinem Leben werden nicht besonders viele Menschen dein Herz berühren. Das schaffen nur die allerwenigsten. Aber es hat immer einen Grund, warum es Menschen aus deiner Vergangenheit nicht in deine Gegenwart geschafft haben. Und bei euch beiden habe ich nie an die für immer anhaltende Freundschaft geglaubt.

Dafür seid ihr zu verschieden. Und du, mein Schatz, bist ein zu großer Hitzkopf. Das hat sich schon herauskristallisiert, als ihr 18 Jahre alt wart. Du wolltest alles vom Leben. Er war viel zu ruhig für dich. Über kurz oder lang wäre eure Freundschaft sowieso zerbrochen. Ganz sicher. Du musst ihn endlich gehen lassen. Und dir selbst verzeihen. Ein für alle Mal.«

Sie hat recht. Wie so oft. Ich beiße mir auf meine zitternde Unterlippe: »Und was ist, wenn ich das nicht kann?«

»Nena, du neigst leider zur Nostalgie. Das war bei dir schon immer so. Nach dem Kindergarten wolltest du nicht in die Grundschule, später nicht aufs Gymnasium. Du hast dir von klein auf gewünscht, dass alles so bleibt, wie es ist, aber so funktioniert das Leben einfach nicht. Menschen kommen und gehen. Tue mir einen Gefallen: Lösche endlich diese voyeuristische Instagram-App von deinem Handy. Und hör auf, die Menschen aus deiner Vergangenheit zu beobachten. Das tut dir doch nicht gut.«

Nach unserem Telefonat lösche ich Instagram nicht, aber ich entfolge meinem Kindheitsfreund, seinem Bruder und unseren gemeinsamen Jugendfreunden. Ich möchte ihn nicht als glücklichen Vater sehen. Nicht, weil ich es ihm nicht gönne, sondern weil ich sein Kind sowieso niemals kennenlernen werde. Warum soll ich mir sein Vaterglück also via Instagram anschauen? Was bringt mir das? Mein Kindheitsfreund wird immer ein wichtiger Teil von mir sein, aber ich möchte frei für die Menschen in meiner Gegenwart sein.

Wochen nachdem ich mir vorgenommen habe, endlich mit meiner Vergangenheit abzuschließen, macht mir ein anderes soziales Medium einen gehörigen Strich durch die Rechnung. WhatsApp übermittelt mir eine Nachricht. Von meinem Kindheitsfreund. Inklusive Foto: »Unser Sohn ist da. Seiner Mama und ihm geht es gut. Und sein Papa ist sehr glücklich.« Ich antworte ihm schnell, dass ich mich für ihn freue. Wir sind wieder in Kontakt. Zumindest für einen Moment. Und wer weiß, vielleicht stoßen wir irgendwann doch noch einmal mit einem Glas Wein auf seine Hochzeit, seine Vaterschaft an. Schließlich ist es heutzutage fast unmöglich, seine Vergangenheit hinter sich zu lassen. Leider.

Notiz an mich selbst:

- Endlich aufhören, die Menschen aus meiner Vergangenheit zu stalken.
- Mir selbst verzeihen.
- Dem Herzen verzeihen.
- Weniger rauchen!!!

Lästern 2.0

August 2019

Waschweiber kann niemand leiden. Weder die alten Frauen, die am Fenster stehen und ihre Nachbarn observieren, noch die Zicken in der Schule, die an niemandem ein gutes Haar lassen. Instagram ist für mich der Fensterblick 2.0. Die Frauen, die früher am Fenster standen und feindselig die Nachbarschaft beobachtet haben, observieren heute unsere Instagram-Profile. Und lästern. Für die Waschweiber dieser Welt ist Instagram ein echter Zugewinn. Müssen sie doch nicht einmal mehr ihr gemütliches Sofa verlassen, um das Verhalten der anderen zu bewerten.

Vielmehr erfreuen sie sich an jedem peinlichen Post, der ihnen geboten wird und entkommen so für einen kurzen Moment ihrem eigenen tristen, langweiligen Dasein. Erst kürzlich kommentierte ein mir unbekannter Nutzer, bencartersmith, eines meiner Videos mit: »Hast du dein Shampoo vergessen?«

Doch anstatt all diese bösartigen männlichen und weiblichen Waschweiber hochkant aus unserer digitalen Welt zu entfernen, lassen wir sie weiter unser Privatleben stalken. Schließlich brauchen wir ja Follower. Ohne dass sich jemand unsere Storys anschaut, wäre Instagram ja langweilig. Für diesen vermeintlichen digitalen Spaß zahlen wir allerdings, oft unbedacht, einen hohen Preis. Denn der Kreis unserer Kritiker erhöht sich. Enorm. Haben früher unsere Mitschüler und Kollegen hinter unserem Rücken gelästert, können es heute Tausende tun. In meinem Fall: meine 4.770 Follower.

In der Instagram-Welt lästern nicht nur die Waschweiber. Wir alle werden zu Übeltätern. Denn das Suchtprogramm

Instagram kurbelt einen der niedersten Instinkte der Menschen an: Schadenfreude. Täglich werden weltweit Screenshots gemacht und versendet. Via WhatsApp. Fast alle tun es. Auch die kaum aktiven Nutzer. Die Verlockung, sich über andere mit einem Klick lustig zu machen, ist einfach zu groß.

Es werden Fotos von dem einstigen Kommilitonen mit seiner neuen Freundin versendet: »Schon peinlich, wie er sein Privatleben zur Schau stellt, findest du nicht?«

Bilder der Chefin, wie sie ihren Restaurantbesuch dokumentiert, werden verschickt: »Möchte die jetzt etwa ihr ganzes Leben mit uns teilen? Warum fotografiert sie ihr Essen? Und das in ihrer Position: Hat sie nichts Besseres zu tun?«

Wir kommentieren Storys von der eigentlich geschätzten Bekannten im Bikini: »Also, ich habe ihr ja schon so oft den Tipp gegeben, das sein zu lassen. Das ist unseriös, findest du nicht? Wenn das die Kunden sehen. Nur weil sie jetzt über dreißig ist und keinen Mann abkriegt, muss sie sich doch nicht so anbiedern, das hat sie doch wirklich nicht nötig. Oder was meinst du?«

Dann sind da die Fotos von dem einstigen Geliebten. Mit seiner neuen Freundin: »Schau mal bitte, wie fett er geworden ist. Den würde ich heute nicht mehr nehmen. Wirklich nicht. Und seine Lebensgefährtin – was hat sie denn für eine Penisnase? Mit zwanzig sah die ja noch ganz süß aus, aber jetzt. Und was sollen diese überlangen Extensions? Hat die sich etwa auch noch die Lippen aufspritzen lassen? Die sieht ja mittlerweile aus wie eine schlecht operierte Barbie. Und zugenommen hat sie auch noch. Was er wohl an ihr findet? Komisch irgendwie, dass er immer noch mit ihr zusammen ist.«

Wir haben außerdem eine starke Meinung zu Bildern von Prominenten: »Mein Gott, hast du den letzten Post von Cathy

Hummels gesehen? Ist dir aufgefallen, wie dünn sie geworden ist? Die ist doch hundertprozentig essgestört. Ich dachte, die hätte sich nach der Schwangerschaft endlich mal gefangen. Sie ist wirklich ein schlechtes Vorbild für junge Mädchen.«

Auch an unserem Kollegen lassen wir kein gutes Haar: »Warum postet der so was? In seiner Position? Wie soll ich ihn denn jetzt noch im Arbeitsalltag ernst nehmen? Wusstest du, dass er sein Instagram-Profil schon mal gesponsert hat? Der hat wirklich Geld dafür bezahlt, mehr Follower zu kriegen! Kein Scherz. Das ist einfach nur erbärmlich! Lächerlich!«

Und Nachrichten über das Instagram-Verhalten unserer Mitmenschen: »Sie sitzt gerade mit ernster Miene neben mir und bearbeitet schon seit einer halben Stunde ihr Foto. Für Instagram. Das ist sehr peinlich. Und sehr unheimlich. Wie kann man Instagram nur so ernst nehmen? Unglaublich, ist doch nur Social Media?«

Diese WhatsApp-Nachrichten sind nicht frei erfunden. Bedauerlicherweise. Sie sind entweder auf meinem Handy gelandet oder ich habe sie selbst verschickt. Und das, obwohl ich in der Realität nicht zum Lästern neige. Auf jeden Fall nicht mehr als andere. Einem *Spiegel*-Artikel zufolge verbringen wir Menschen knapp zwei Drittel unserer Redezeit mit Berichten über das Leben der anderen.[12]

Wir schwadronieren darüber, was der Nachbar so macht, wie sich die Freundin ihre Kleidung leisten kann, was Kolleginnen uns erzählen. Der Austausch über Dritte ist kein Phänomen unserer Gesellschaft, selbst bei Urvölkern wurde getratscht, aber Instagram eröffnet dem Lästerwahnsinn noch mal eine ganz neue Dimension. Das digitale Lästern kommt zur echten Redezeit dazu. Ich würde die Behauptung aufstellen, dass meine Freundinnen und Bekannten in der Realität weniger als zwei Drittel ihrer Redezeit über andere sprechen.

Dafür sind fast alle, bis auf wenige Ausnahmen, digitale Lästerziegen. Leider.

An dieser Stelle möchte ich dich bitten, einmal in dich hineinzuhorchen, ganz privat, du brauchst niemandem davon zu erzählen: **Verspürst du manchmal die Lust, über die veröffentlichten Fotos einer anderen Person zu lästern? Dich über sie bei deinen Freunden lustig zu machen?** Hast du vielleicht sogar schon mal einen Screenshot von einem Instagram-Foto gemacht, ihn versendet und dich darüber negativ geäußert?

Ich frage mich: Warum tun wir das? Warum ziehen wir über den digitalen Content unserer Mitmenschen her? Und warum lassen wir uns, wenn sie uns nerven, von ihren Instagram-Storys berieseln, anstatt ihre Profile einfach nicht mehr zu abonnieren? Es zwingt uns doch niemand dazu, ihre Leben zu observieren. Forscher haben Hinweise darauf gefunden, dass Lästern einen persönlichen Nutzen hat: Eine niederländische Studie mit mehr als dreihundert jungen Erwachsenen ergab, dass Menschen sich gern Klatsch anhören, um sich selbst besser einschätzen zu können.[13] Erzählt uns jemand von Missgeschicken anderer, stärkt das unseren Selbstwert.

Aber ich habe noch nie jemanden kennengelernt, der in der Realität so bösartig lästert wie in der digitalen. Auch meine eigenen Lästerattacken sind via WhatsApp deutlich schlimmer als beim gemeinsamen Restaurantbesuch mit meinen Freundinnen. Damit bin ich nicht alleine. Im Internet benehmen sich viele Menschen boshaft und hämisch. Zu viele. **Denn die einzige verfügbare Belohnung auf Instagram ist die Aufmerksamkeit der anderen.**

Warum wir durch Instagram zu einem Arschloch mutieren, erklärt der US-amerikanische Informatiker und Buchautor

Jaron Lanier in seinem Buch *Zehn Gründe, warum du deine Social Media Accounts sofort löschen musst* wie folgt: »Niemand kann ernsthaft erwarten, in den sozialen Netzwerken Geld zu verdienen. Einfache User können nur falsche Macht und eingebildeten Wohlstand gewinnen, aber keine echte Macht und keinen echten Wohlstand. Daher werden Psychospielchen dominant. **Wenn nichts anderes zu erreichen gilt als Aufmerksamkeit, tendieren die Menschen dazu, zu Arschlöchern zu werden, weil das größte Arschloch die meiste Aufmerksamkeit bekommt.**«[14]

Nach der Lektüre von Laniers Buch lösche ich Instagram zwar nicht von meinem Handy, aber ich entfolge allen Menschen, über die ich mich ausschließlich lustig mache. Meine Löschaktion umfasst Bloggerinas und Bekannte gleichermaßen. Und ich nehme mir vor, keine Screenshots mehr zu versenden. Sollte ich selbst digitale Lästereien erhalten, werde ich nur noch kurz und knapp antworten. Wie sieht es bei dir aus? Bist du so freundlich, gönnend und bestärkend wie du eigentlich gerne sein würdest? Eines ist sicher: **Digitales Lästern verdirbt deinen Charakter. Und dieser ist das Kostbarste, was du besitzt. Also pass auf ihn auf!**

Notiz an mich selbst:

- Allen Menschen entfolgen, über die ich ausschließlich lästere.
- Nur noch Personen folgen, deren Inhalte mir einen wirklichen Mehrwert bieten.
- Keine Screenshots mehr machen und versenden.
- Weniger Lästern!

Instagram und das Berufsleben

August 2019

Nicht nur die digitalen Waschweiber observieren unseren Instagram-Account. Auch unsere Kollegen tun es. Mir selbst ist es in der Vergangenheit schon des Öfteren passiert, dass sich manch einer über meinen Instagram-Auftritt das Maul zerrissen hat oder in meiner Abwesenheit gar über meine Brustgröße fabuliert wurde – dank meiner öffentlichen Bikinifotos. Das ist kein Scherz. Leider.

Kollegen, die lästern, sind zu Recht extrem unbeliebt. Ist diese Miesmacherei doch schädlich für das Betriebsklima. Und unsere Psyche. Nicht nur einmal erlebte ich, egal für welches Unternehmen ich tätig war, die unangenehme Situation, in der Kaffeeküche zu stehen, während meine Kollegen lästerten. Über andere: nicht anwesende Mitarbeiter der Firma.

Oder eben über den Chef. Das liebste Lästerobjekt in jedem Unternehmen, kann ein Vorgesetzter es doch niemals jedem recht machen. Auch war ich selbst schon, wie so ziemlich jeder von uns, Bestandteil bösartiger, teils abstruser Gerüchte. Wäre ich Firmeneigentümerin: Ich würde alle pedantischen Lästerziegen hochkant rauswerfen. Fristlos. Zur Not eben die gerichtlich verordneten, bei langer Betriebszugehörigkeit oftmals hochpreisigen Abfindungen zahlen. Hauptsache raus. Da wäre ich eiskalt. **Warum also lasse ich zu, dass die Lästerziegen mein Leben täglich via Instagram verfolgen können?**

Man könnte nun argumentieren, dass es nicht wichtig ist, was die Menschen um uns herum über unser Leben denken. Hauptsache wir sind in unser Leben verliebt. Mag sein. Aber würdest du auch mit deinem analogen, privaten Fotoalbum unter dem Arm zu deiner Chefin oder deinem Chef gehen? Möchtest du, dass deine Vorgesetzten dich im Bikinioberteil sehen? Müssen deine Kollegen wirklich wissen, wie dein Lebensgefährte ausschaut?

Und noch viel wichtiger: Beeinflusst dein Instagram-Auftritt die fachliche Meinung deiner Chefin oder deines Chefs über dich? Kann dein digitales Auftreten gar dazu führen, dass du bei der nächsten Gehaltserhöhung leer ausgehst oder für eine Beförderung inklusive Personalverantwortung nicht infrage kommst, weil dein Instagram-Ich bei den Verantwortlichen einen negativen Eindruck hinterlassen hat?

JA! JA! JA! Ich bin mittlerweile davon überzeugt, dass unser Instagram-Ich unserem realen Ich häufiger in die Parade fährt, als wir glauben. Insbesondere in geschäftlicher Hinsicht. Das Problem ist: Wir können nicht sehen, was sich unsere Kollegen in unserem Feed anschauen. Und wir erfahren nie, was sie bei dem Anblick unserer Fotos gedacht haben. Auch auf ihre Empathie können wir uns nicht länger verlassen, weil wir den Zusammenhang nicht kennen, in dem sie sich unsere Fotos anschauen.

Sind sie uns wohlgesonnen, werden sie unsere Bilder vermutlich nur überfliegen, und ihre positive Meinung über uns wird sich durch unser Instagram-Profil höchstwahrscheinlich nicht verändern. Egal was wir für einen Mist veröffentlichen. Aber stehen wir sowieso schon im Misskredit, werden sie unsere Fotos genauestens unter die Lupe nehmen. Und vielleicht aufgrund von Posts, die nicht ihrem persönlichen Geschmack entsprechen, auf negative Charaktereigenschaften schließen.

Kein Wunder. Sie wissen nicht, in welchem Zusammenhang unser Bild entstanden ist oder warum wir gerade dieses hochgeladen haben. Ohne Kontext hat ein Foto keine Bedeutung.

Auf Instagram haben wir kaum bis gar nicht die Möglichkeit, den Kontext eines Bildes mitzuteilen. Unsere Follower wissen nicht, warum wir dieses Bild hochladen. **Auf Instagram gilt meist: Quantität vor Qualität. Wir fotografieren oft rasend schnell alles ab, anstatt uns die Zeit zu nehmen, gehaltvolle Inhalte mit Mehrwert zu publizieren.**

Zu diesem Phänomen stellt Jaron Lanier genau die richtigen Fragen: »Kann es sein, dass es auf lange Sicht wichtiger ist, wenn man auf seine innere Stimme hört oder einer Leidenschaft für Moral nachgeht, selbst wenn das auf kurze Sicht als weniger erfolgreich beurteilt wird? **Kann es sein, dass es wichtiger ist, einige wenige Menschen auf einer tiefen, ernsthaften Ebene zu erreichen, als alle Menschen mit Nichts zu erreichen?«**[15]

Eine entfernte Bekannte von mir wurde erst vor Kurzem von ihrem Chef auf ihr Instagram-Profil angesprochen. Ihr Vorgesetzter schloss auf der Basis von alten Fotos in ihrer Instagram-Timeline auf den Charakter meiner Bekannten. Besser formuliert: auf Charaktereigenschaften, die ihm missfielen und die in seinen Augen nicht zum Auftritt der Firma passten. Den Zusammenhang, in dem die Fotos meiner Bekannten entstanden sind, kannte ihr Vorgesetzter natürlich nicht. Woher auch?

Welche Karrierechancen habe ich mir in der Vergangenheit wohl schon dank meines Instagram-Profils verbaut? Ich möchte es lieber gar nicht so genau wissen. Eines ist gewiss: In der Zukunft werden mir meine Posts nicht länger Steine in den Weg legen. Ich lösche zahlreiche meiner Timeline-Fotos, insbesondere Bikini-Bilder. Selbst wenn nur das Oberteil zu sehen ist. Gleichzeitig beginne ich, die Instagram-Profile verschiedener junger Frauen, die noch am Anfang ihres Berufslebens stehen, zu observieren.

Bei dem Anblick ihrer Storys bin ich teilweise schockiert. Es ist erschreckend, wie fröhlich sie ihr Privatleben teilen. Manch eine philosophiert gar über die perfekte Verhütungsmethode, erklärt, wie ihre Spirale funktioniert. Öffentlich. Kollegen, Vorgesetzte, die Nachbarin: Alle dürfen es wissen. Und anstatt vielleicht mal über den ein oder anderen Post länger als eine Minute nachzudenken, feiern sich die Mädchen für ihre teils sehr privaten, freizügigen Bilder selbst. Für sie: ein Akt der Selbstbefreiung und Freiheitsgefühl zugleich. Sie feiern sich dafür, dass sie sich trotz einer seriösen beruflichen Tätigkeit freizügig im Internet präsentieren. Manch eine garniert ihr Foto gar mit einem Manifest auf die Instagram-Freiheit, beendet mit dem Hashtag #sorrynotsorry. Ihr Motto: Yes we can. Und Instagram? Ihr Ventil dafür.

Jede Person muss für sich selbst entscheiden, was sie im Internet von sich preisgibt und was sie lieber weglässt. Wie in allen Bereichen unseres Lebens ist auch die Instagram-Nutzung eine rein private Entscheidung. Doch solltest du dich für ein öffentliches Profil entscheiden: Augen auf bei deinen Postings. **Freizügige Bilder haben nichts mit Feminismus oder der eigenen Selbstbestimmung zu tun.** Die gleiche Regelung gilt im Übrigen auch für Männer: Solltest du einer seriösen beruflichen Tätigkeit nachgehen, ist es nicht empfehlenswert, dich in Badehose zu präsentieren. Posts dieser Art haben keinen Mehrwert. Es ist reine, offensive Selbstdarstellung, die dir im Job schaden kann und wird.

So sieht das auch eine gestandene Journalistin mit Führungsverantwortung. Nennen wir sie in diesem Fall Beate: »Bei vielen Instagram-Profilen von jungen Journalistinnen frage ich mich immer: Möchte diese junge Frau jetzt Influencerin oder Journalistin sein? Beides geht nicht!« Recht hat sie. Dass Instagram-Profile schädlich für die Karriere sein können, gilt für jede Berufsgruppe. Nicht nur für uns Journalisten.

Wie will beispielsweise eine Unternehmensberaterin von ihren Kollegen ernst genommen werden, wenn vor ihrem Antritt bereits ihre Bikinifotos oder Aufnahmen von ihr als leicht bekleidete sexy Katze beim Kölner Karneval im Büro kursieren? Eines ist sicher: Hinter dem Rücken dieser Frau wird getuschelt werden. Und ob sie die Lästereien ihrer Kollegen bemerkt und richtig einordnet, ist mehr als fraglich. Denn höchstwahrscheinlich wird sie niemand auf ihre Instagram-Fotos ansprechen. Warum also gehen wir dieses berufliche Wagnis überhaupt ein?

In einem ZEIT-Artikel beschreibt der Sozialpsychologe Heiner Keupp: »Identität ist ein reflexives Scharnier zwischen der inneren und der äußeren Welt.« Die äußere Welt – also die Gesellschaft – bedingt unser Grundbedürfnis nach Anerkennung und Zugehörigkeit. Deshalb beobachten und analysieren wir, wie uns Mitmenschen wahrnehmen und bemühen uns, einen positiven Eindruck zu hinterlassen.«[16] Sozialpsychologen wie Keupp sprechen von *impression management,* wenn wir taktisch ein bestimmtes Bild von uns zu vermitteln versuchen.

Gesellschaftlich geschätzte Eigenschaften wie Freundlichkeit, Attraktivität oder Ehrlichkeit betonen wir dabei natürlich lieber als unbeliebte Charakterzüge wie Ungeduld, Neid oder Geiz. Besonders in der digitalen Parallelwelt Instagram versuchen wir, uns bestmöglich in Szene zu setzen und wähnen uns in der Sicherheit, Kontrolle über unsere Außenwirkung zu haben. Es erscheint uns gar so, dass wir mehr Kontrolle über unser Instagram-Auftreten als über unser echtes Leben haben.

Schließlich können wir Nachrichten so oft wie möglich durchlesen, bevor wir sie abschicken und unser Hautbild perfektionieren, bevor wir das Bild in unserer Timeline hochladen. Unser Leben wirkt auf Instagram vermeintlich perfekter, glatter und außergewöhnlicher, als es tatsächlich ist. Doch es gibt einen gravierenden Unterschied zwischen der digitalen und der realen Welt: Wir können nicht auf die Reaktion unseres Gegenübers eingehen.

Ich möchte dir hier noch ein letztes, praktisches Beispiel geben: Berichte ich meinem Vorgesetzten von meiner letzten Urlaubsreise, erkenne ich an seinem Gesichtsausdruck, ob ich weiterreden soll. Schaut er sich jedoch ein Foto von mir und meinem Freund an, denkt er sich seinen Teil, ohne mir ein Zeichen zu geben, was in seinem Kopf vorgeht. Ich weiß vermutlich nicht einmal, dass er mein Instagram-Ich überhaupt kennt. Ich kann also nicht wissen, inwiefern seine Sicht auf mich durch meinen Instagram-Auftritt geprägt, verzerrt wird.

Das öffentliche Posten auf Instagram ist in jedem Fall ein berufliches Wagnis. Und wir sollten uns fragen, ob uns der Kick in Form von Likes und Followern dieses Wagnis wert ist. Ich für meinen Teil werde mein Instagram-Profil von nun an so einstellen, dass es meinem beruflichen Fortkommen nicht länger schadet. Ich stelle es von öffentlich auf privat um. Das Großartige daran: In der Zukunft lernen die Menschen zuerst mein echtes und nicht mein digitales Ich kennen.

Notiz an mich selbst:

- Mein öffentliches Profil auf privat stellen.
- Bevor ich eine Story veröffentliche: nachdenken.
- Bevor ich ein Timeline-Foto hochlade: noch länger nachdenken!
- Bei jedem Post überlegen: Würde ich dieses Bild meinen Kollegen auch in analoger Form zeigen?

Instagram und die Freundschaft

Oktober 2019

Mein Instagram-Profil und meine Freundschaften führen keine Liebesbeziehung miteinander. Während Roxy, das Mädchen, das mich seit seiner Geburt begleitet, auf meinem Instagram-Profil fast gar nicht vertreten ist, wirkt dafür manch eine entfernte Bekannte wie meine beste Freundin. Auch von meiner liebsten Teenager-Freundin Clara gibt es in meiner Timeline kein einziges Foto. Und das obwohl ich mir selbst so gerne vorgaukele, dass Instagram mein digitales Fotoalbum sei. Aber wie kann mein Paralleluniversum keine Erinnerungen mit Roxy oder Clara umfassen? Was soll das für ein Fotoalbum sein?

Ich könnte es mir an dieser Stelle leicht machen und die Frage damit beantworten, dass Roxy und Clara nicht heiß auf Fotos sind. Sie brauchen die digitale Aufmerksamkeit einfach nicht. Auf jeden Fall vermute ich das. Roxy hat noch nie selbst ein Foto in ihre Timeline hochgeladen. Auch keine Story. Sie weiß nicht einmal, wie man ein Bild bearbeitet. Oder kommentiert. Instagram ist für sie ein Buch mit sieben Siegeln.

Auch Clara hat ihre Instagram-Aktivitäten in den letzten Monaten stark reduziert. Das letzte Foto in ihrer Timeline lud sie am 21. Juli 2019 hoch. Die meisten Fotoshootings entstehen aus Langeweile oder dem innerlichen Drang, der Instagram-Welt etwas liefern zu müssen nach dem Motto: Ein Moment hat nur stattgefunden, wenn ich ein Bild hochlade. Aus diesem Grund kommt es bei den beiden nie zu solchen Fotoaktionen. Und auch wenn wir zu dritt sind, denken wir gar nicht an so etwas. Einerseits weil bei unseren Begegnungen niemals ein Gefühl der Leere entsteht. Wir müssen vielmehr Redekarten verteilen, damit wir nicht alle gleichzeitig losschnattern. Auf der anderen Seite ist das Ziel unserer Treffen nie, ein perfektes Bild zu schießen, sondern immer das Treffen selbst. Es entsteht also schlicht kein Foto, das ich hochladen könnte.

Und die beiden haben ohnehin kaum Follower, die mir aufgrund des Fotos folgen könnten. Roxy hat 162, Clara 820. Das bedeutet: Fotos mit ihnen bringen mich auf Instagram nicht weiter. Doch ich möchte es genau wissen: Was denken meine beiden Herzensmädchen eigentlich über mein Instagram-Profil? Fühlen sie sich angegriffen, dass ich nie ein Bild mit ihnen hochlade?

Ich rufe Roxy an. Glücklicherweise geht sie direkt dran. Das ist bei ihr eine absolute Seltenheit. Keine Freundin von mir ist so schwer zu erreichen wie sie. Manchmal beschleicht mich gar das Gefühl, dass es leichter wäre, einen hochrangigen Politiker an die Strippe zu bekommen. Sie meidet nicht nur Instagram, sondern verbringt auch sonst wenig Zeit mit ihrem Handy. Meine WhatsApp-Nachrichten bleiben tagelang unbeantwortet. Das Gute: Wenn wir uns dann treffen, klebt keine von uns an ihrem iPhone. Unsere Handys sind sicher in unseren Handtaschen verstaut. Unsere gemeinsame Zeit ist zu kostbar.

Am Telefon frage ich sie direkt: »Du, Roxy, was denkst du eigentlich über mein Instagram-Profil? Findest du es schlimm, dass du nirgendwo drauf bist?«

»Nena, mir ist dein Instagram-Profil herzlich egal. Ehrlich. Du bist in meinen Fotoalben auf jedem Einzelnen meiner Geburtstage abgelichtet. Seit ich geboren wurde. Auch auf den Videoaufnahmen meiner Kindheit bist du überall mit dabei. Zum Beispiel als spuckender Vampir bei unserer Theateraufführung. Erinnerst du dich noch, wie bespuckt dein falsches Gebiss am Ende war? Das war witzig. Da waren wir acht Jahre alt. Es gab für mich nie ein Leben ohne dich. Und weißt du was? Das reicht mir.«

Exakt diese Rückmeldung hatte ich von ihr erwartet. Ich wähle Claras Nummer. Sie geht nicht ran. Obwohl es erst zwanzig Uhr ist und sie quasi rund um die Uhr erreichbar ist.

Ich hinterlasse ihr eine Sprachnotiz: »Du Clara, findest du es eigentlich blöd, dass es kein Foto von uns in meiner Timeline gibt, aber ich andauernd mit anderen Mädchen, die ich viel kürzer als dich kenne, posiere?« Es vergehen keine zehn Minuten, und sie antwortet mir. Ebenfalls per Sprachnotiz. Das Schöne an unserer Freundschaft: Sie wundert sich überhaupt nicht über die plötzliche Nachfrage und legt sofort los: »Nena, ich mache mir da nicht so viel draus. Obwohl meine Mutter mich schon mehrmals gefragt hat, warum ich auf deinem Instagram-Profil gar nicht vorkomme. Aber mir ist ja relativ egal, was die Außenwelt denkt. **Und ich bin der Meinung, dass die Freundschaften, die auf Instagram zelebriert werden, meistens nicht die wahren sind.«**

Wenige Sekunden später ploppt eine weitere Sprachnotiz von ihr auf meinem Handy auf: »Wenn du mich schon so fragst: Ja, ich empfinde dein Instagram-Profil teilweise als *show off*. Als eine Vorführung, wen du alles kennst. Wie wichtig du bist. Aber deine Timeline ohne mich ist für mich eher ein Statement, dass unsere Freundschaft schon viel länger als die Instagram-Welt besteht. Und unsere Verbindung einfach stärker als Instagram ist.«

Ihre Antwort ist eigentlich nett, aber sie beschäftigt mich länger als die von Roxy. Wesentlich länger. Vielleicht weil ich in der Vergangenheit oft und gerne kritisiert habe, wie oberflächlich die Influencer ihre Fotomotive auswählen, lassen sie sich doch am liebsten mit den Mädchen ablichten, die

Hunderttausende Follower haben. Sie nutzen auch die mondänen Events meist nicht, um Spaß zu haben, sondern um für sich selbst neue Follower zu generieren.

Aber was ist, wenn ich mich genauso verhalte? Wenn nicht nur die Influencer, sondern auch ich selbst auf Instagram eine Angeber-Show betreibe? **Fotografiere ich mich lieber mit meinen auf Instagram aktiven Freundinnen als mit denen, die kaum Follower haben?** Und entspricht es wirklich der Wahrheit meines Herzens, dass ich mit meinen langjährigen Freundinnen so eine tolle Zeit habe, dass wir gar nicht auf die Idee kommen, uns zu fotografieren? Oder ist es mir in diesen normalen Momenten einfach nicht wichtig, weil es mein digitales Fortkommen sowieso nicht beschleunigen würde?

Schlimmer noch: Clara sagt zwar, sie macht sich nicht so viel daraus, aber sogar ihre Mutter hat sie schon auf mein Social-Media-Verhalten angesprochen. Tue ich ihr eventuell doch weh, indem ich ihr permanent meine Storys mit den anderen unter die Nase reibe, aber nie ein Bild mit ihr poste? Was bringt mir mein digitales Paralleluniversum, wenn es die Frauen verletzt, die sich um mein Wohlbefinden in der Realität seit mehr als einem Jahrzehnt sorgen?

Gehen wir noch einmal zurück zu Clara. Seit über einem Monat vertröste ich sie und schaffe es, unter anderem weil ich so viel arbeite, einfach nicht, mit ihr zu telefonieren. Doch anstatt sauer zu sein, schickt sie mir aufmunternde Videobotschaften, in denen sie mir erklärt, wie stolz sie auf mich sei. Clara war es auch, die 2016 für mich da war, als sich mein Freund von mir trennte. Von heute auf morgen.

Innerhalb von einem Monat organisierte sie für uns beide eine Wohnung, damit ich wieder ein Zuhause hatte. Sie beherbergte mich bis zu unserem Einzug in ihrem Elternhaus, wo mir ihre Mutter Heike morgens liebevoll Müsli zubereitete.

Heike hörte sich auch während meiner Teenagerjahre oft genug meine Liebesprobleme an. Glücklicherweise war sie nie genervt davon. Später bestärkte sie mich darin, Journalistin zu werden.

Clara, ihre Familie und auch Roxy waren nicht sauer, als ich wenige Wochen nach der Trennung wieder mit meinem Freund zusammenkam. Vielmehr bestärkten sie mich in meiner Entscheidung, zu ihm zurückzukehren, weil sie wussten, dass ich ihn liebe. Menschen, die mich nur über Instagram kennen, wissen nicht einmal, dass es diese beiden wichtigen Menschen in meinem Leben gibt. Und das, obwohl es Clara und Roxy viel mehr verdient hätten, auf meinem Instagram-Profil zu erscheinen als manch eine meiner Bekannten.

Doch mein Instagram-Ich ist anscheinend nicht nur oberflächlich und selbstverliebt, sondern auch eine verdammt schlechte Freundin. Das Schöne an Print: Das gedruckte Wort bleibt, ist beständig und viel mehr wert als ein digitales Foto. Deswegen möchte ich an dieser Stelle einen Liebesbrief an die Mädchen meines Herzens einfügen:

Liebe Roxy, liebe Clara,

ihr bedeutet die Welt für mich und seid die meine. Ohne eure Freundschaft wäre ich nichts, und wann immer es mir schlecht geht, seid ihr meine ersten Ansprechpartnerinnen. Mit 17 Jahren habt ihr mir geholfen, über meine Jugendliebe hinwegzukommen, habt meine Tränen getrocknet und mir Mut gemacht. Wie ich dieses Lebensjahr ohne euch überstanden hätte? Keine Ahnung. Vermutlich gar nicht.

Manchmal scheint es mir gar, als würdet ihr beiden die Verantwortung für mich wie einen Staffelstab an die andere weitergeben. Es gab in der Vergangenheit keinen einzigen schwierigen Moment in meinem Leben, in dem nicht eine von euch für mich da war. Ihr beide stellt eure eigenen Bedürfnisse immer hinten an. Liebt bedingungslos. Fordert nie etwas. Und gebt alles.

Ihr seid mehr als meine Freundinnen. Ihr seid meine Familie. Mit euch beiden möchte ich auch noch in fünfzig Jahren mit einem Glas Weißwein in der Hand zusammensitzen, in Erinnerungen schwelgen und neue Glücksmomente erleben. Sollte ich jemals Mutter werden, werdet ihr die besten Patentanten der Welt sein. Und hoffentlich prägt ihr den Charakter meines Kindes zu einem großen Teil mit.

Vor allem sollt ihr ihm bitte den Wert der Freundschaft vermitteln. Denn im Freundin-Sein seid ihr so viel besser, als ich es jemals sein könnte. Ich weiß, dass wir keine Instagram-Bilder brauchen, um unsere einmalige Verbindung zu zelebrieren. Aber mein Instagram-Ich darf euch zwei, meine besten Freundinnen, trotzdem nicht ignorieren.

Für immer die Eure,

Nena

Notiz an mich selbst:

- Für mein digitales Fortkommen auf Instagram nicht länger meine Freundin Clara verletzen.

- Weniger meine Bekannten auf Instagram hofieren, dafür in der Realität mehr Zeit mit meinen wahren Freundinnen verbringen.

- Mir mehr Zeit für die Mädchen meines Herzens nehmen.

- Meine Freundinnen nicht länger als selbstverständlich betrachten und mehr auf ihre Bedürfnisse eingehen.

- Meinen besten Freundinnen einmal jährlich einen langen Brief schreiben und mich bei ihnen für ihre Freundschaft bedanken.

Warum Instagram uns neidisch macht

Wenn es um meine Freundinnen geht, bin ich nicht mit einer Faser neidisch auf ihren Erfolg, sondern gönne ihn ihnen stets von ganzem Herzen. Jil wird in wenigen Wochen auf dem Cover eines großen, sehr bekannten Frauenmagazins abgebildet sein. Und ich weiß schon jetzt: Mein Herz wird vor lauter Stolz förmlich überquellen. Nicht, weil ich jedem Mädchen zu einer Modelkarriere raten würde. Das ganz gewiss nicht. Aber ein Magazincover ist eine Leistung. Und ich freue mich für Jil. Bestimmt werde ich der Kioskverkäuferin und jeder Person, die mir über den Weg läuft, erzählen, dass das Mädchen auf dem Titelbild meine Schulfreundin ist.

Überflüssig zu sagen, dass ich mir ihr Cover einrahmen und über meinen Schreibtisch hängen werde. Unser gesamter Freundeskreis und die dazugehörigen Familien werden zur nächsten Tankstelle fahren und sich das Frauenmagazin kaufen. Auch mein Vater. Vielleicht organisieren wir sogar eine große Cover-Party und feiern einen Abend lang das Mädchen der Nacht: Jil. Wer weiß.

Auch an den Erfolgen meiner entfernteren Bekannten erfreue ich mich regelmäßig. Erst kürzlich erzählte mir eine liebe Kollegin, dass sie zur Chefredakteurin ernannt wurde. Meine Freude: schier grenzenlos. Ich rief sofort Caspar an, um ihm die frohe Nachricht zu verkünden. Ein Gefühl von Neid? Fehlanzeige!

Aber mein Instagram-Ich ist neidisch. Die Instagram-Nena empfindet oft Neid. Zu oft. Sei es, weil eine Influencerin gerade mal wieder auf den Seychellen in einem mondänen Hotel residiert, während Nena im Büro hockt und arbeitet. Oder sie sich die abgefahrene Party einer Bloggerina auf Ibiza ansieht, die so viel cooler zu sein scheint als der Netflix-Abend mit ihren Freundinnen. **Neid hat zu Recht einen schlechten Ruf. Und doch nutzen wir Instagram regelmäßig, obwohl es in vielen von uns ein Gefühl der Missgunst weckt.**

Es liegt vermutlich daran, dass es keine uns bekannten Personen, die wir schätzen, sind, die uns von einem schönen Ereignis berichten, sondern weil wir alleine vor unserem Handy hocken, während wir uns die gefilterten Bilder der anderen ansehen. **Ein zwischenmenschlicher Austausch: unmöglich! Meistens schneidet unser eigener Alltag aufgrund der gefilterten Blase gar viel schlechter ab.** Ein Beispiel: Wir haben gerade einen fetten, eitrigen Pickel auf der Nase, während uns das Gesicht einer bekannten Influencerin mit Porzellanhaut entgegenlächelt. Daraufhin beginnen wir uns zu fragen, warum wir nicht selbst so aussehen. Ich jedenfalls beginne, mich jedes Mal optisch zu vergleichen, stelle mich in den Wettbewerb mit ihnen.

Der Selbsthilfeautor Mark Manson schrieb einmal: »Natürlich wissen wir, wie man Hieben ausweicht. Das Problem ist, dass wir irgendwann angefangen haben zu glauben, dass wir sie verdient haben.«[17] Das Zitat passt zu dem Instagram-Verhalten meiner Generation: Obwohl wir merken, dass die gefilterten Storys der Influencer Stress in uns auslösen, zweifeln wir nicht daran, dass dieser Schönheitswettbewerb, dem wir uns täglich stellen, normal ist.

Der Kommunikationswissenschaftler Adrian Meier forscht am Institut für Publizistik der Johannes-Gutenberg-Universität Mainz über die Auswirkung von Instagram-Nutzung auf die psychische Gesundheit. Er und sein Team beschäftigten sich in der Studie[18] *The Positive Side of Social Comparison on Social Network Sites: How Envy Can Drive Inspiration on Instagram* mit Neid und wie diese Emotion bei den Instagram-Nutzern ausgelöst wird. Dafür wurden Ende des Jahres 2016 insgesamt 385 Instagram-Nutzer befragt. Die geplante Veröffentlichung wurde als Studie zum Thema Instagram-Nutzung beworben, damit positive oder negative Konnotationen vermieden werden. Voraussetzung für die Teilnahme: ein eigener Instagram-Account.

Das Ergebnis der Studie: Bei den Studienteilnehmern wurden zwei unterschiedliche Formen von Neid festgestellt: eine Art von Missgunst und ein positiver Neid, der die Studienteilnehmer inspirierte und sogar dazu motivierte, etwas an ihrem Verhalten zu ändern. Das Spannende an dem Ergebnis? Die Studie weist darauf hin, dass Inspiration in erheblichem Maße mit der auf Instagram verbrachten Zeit zusammenhängt. Es gibt also Hinweise darauf, dass Instagram eine Inspirationsquelle für den Alltag der Nutzer darstellt. Aber nur, wenn man den richtigen Leuten folgt.

Meier und seine Kollegen fanden heraus: Wenn sich die Betrachterin mit dem Profil einer anderen Person identifizieren kann, wird sie durch deren Fotos eher inspiriert statt zum Neid angestachelt. Das ergibt Sinn: Wenn ich mir die Storys der Journalistinnen Judith Rakers, Jennifer Sieglar und Linda Zervakis anschaue, die über ihren beruflichen Alltag berichten, fühle ich mich angestachelt, mein Bestes im Job zu geben. Wichtig ist, so Meier, dass man als Nutzer vor einem Klick auf die Schaltfläche »Folgen« überlegt, warum man genau diesem Profil folgen möchte.

Folgt man einem anderen Instagram-Mitglied nur, weil das alle anderen auch machen, reicht das nicht als Begründung aus. Denn Influencer, Personen, die sich selbst und auch Produkte in sozialen Medien vermarkten, können andere Mitglieder des Netzwerkes negativ beeinflussen. Sie können Neid und Missgunst wecken. Sie stellen in der Regel ausschließlich die positiven Seiten ihres Lebens dar. Profile von Fitness-Influencerinnen lösen Neid aus, weil die Vorbilder auf die Betrachter unerreichbar erscheinen, so Meier.

Meiers Studie zeigt aber auch: Instagram muss nicht unsere Glücksgefühle zerstören. Wir müssen einfach nur selektiver die Instagram-Profile aussuchen, denen wir folgen. **Wir müssen uns selbst klar machen, wie wir uns nach dem Anblick des Instagram-Profils der Personen, denen wir folgen, fühlen! Deswegen: Augen auf bei der Wahl der von dir abonnierten Accounts!**

Noch viel schlimmer als der Faktor Neid ist in meinen Augen die fehlende Empathie, die wir unseren Mitmenschen gegenüber, teilweise dank unserer Instagram-Nutzung, an den Tag legen. Mir war das lange gar nicht klar, aber sobald wir die App öffnen, entrücken wir ein Stück weit der Realität. Und anstatt den Menschen in unserer realen Umgebung unsere volle Aufmerksamkeit zu schenken, sitzen wir wie Roboter vor unserem Handy und lassen uns von den Storys der anderen berieseln.

Und wir vermiesen uns mit dem Anblick der gefilterten Fotos den Blick auf unser eigenes Leben. In unserem digitalen Paralleluniversum Instagram wirkt es völlig normal, immer nur im Urlaub zu sein, an den schönsten Plätzen der Welt zu residieren, täglich etwas Ultrakrasses zu erleben und Unmengen an Markenartikeln zu besitzen. Doch diese Dinge sind alles, aber nicht alltäglich. Wir sollen in der Realität darauf achten, besondere Erlebnisse, wie Fernreisen oder ein lang ersehntes Kleidungsstück, mehr zu schätzen. Vor allem dann, wenn wir es uns selbst erarbeitet haben!

Notiz an mich selbst:

- Die Instagram-Profile, denen ich folge, überprüfen und mich fragen, ob ich bei dem Anblick Neid empfinde.
- Mich nicht länger mit den Instagram-Profilen von Fremden vergleichen.
- Mein Leben mit mehr Demut betrachten.

TEIL 2

Die Welt der Influencer

Ist es erlaubt, die Influencer öffentlich zu kritisieren?

Mich beschlich während meiner Recherchen ab und an das Gefühl, einen Enthüllungsbericht über einen Drogenring zu schreiben, so verhalten reagierten Journalistinnen, Schauspielerinnen, PR-Beraterinnen und Marketingchefinnen auf meine Bitte, ihre Erfahrungen hier schildern zu dürfen. Obwohl viele von ihnen mich in meiner Einschätzung bestärkten, dass die Influencer-Welt eine einzige Fake-Blase ist und mir von teils absurden Erlebnissen erzählten. Eine erfolgreiche Gesellschaftsjournalistin berichtete mir beispielsweise von einem Erlebnis der besonderen Art: Eine junge Influencerin fragte sie bei einem gemeinsamen Abendessen, wie es eigentlich für sie sei, neben der Zukunft zu sitzen.

Anekdoten wie diese skizzieren die Unverfrorenheit und Arroganz der Branche. Eine befreundete Journalistin sieht das ganz ähnlich: »Nena, ich war letztens auf einer Modenschau, und da haben sich die Influencerinnen gar nicht richtig angeschaut. Sie haben nur auf ihr Handy gestarrt, was ich superrespektlos fand, aber was leider bezeichnend für die gesamte Branche ist. Als sie dann später zur Musik getanzt haben, haben sie sich gegenseitig gefilmt. Danach schnell die Videos bearbeitet, Filter und Hashtags gesetzt. Dann wieder fotografiert. Gesprochen haben sie überhaupt nicht miteinander. Es wirkt immer so, als seien sie beste Freundinnen, aber eigentlich sind sie nur vor der Kamera beste Freundinnen.«

Es ist nicht das einzige Mal, dass meine Bekannte, die hier namentlich nicht genannt werden möchte, mir aber ihr Einverständnis gab, ihre Erzählungen aufzuschreiben, die

Welt der Influencer als Scheinwelt erlebt: »Auf einer Party stand eine bekannte Influencerin wie ein scheues Reh in der Ecke rum. Als ich sie ansprach, bedankte sie sich bei mir sogar dafür. Abends in ihren Storys sah es dann so aus, als habe sie einen bombastischen Abend mit ihren Freunden gehabt und sei die ganze Zeit von der Presse belagert worden. Ihre Unsicherheit hat keiner ihrer Follower gesehen.«

Die Begründungen, warum fast alle der von mir Angesprochenen sich nicht öffentlich äußern wollen, sind vielseitig. Von: »Nena, sorry, aber bei der Erzählung weiß wirklich jeder, dass ich dir das gesteckt habe. Selbst wenn du meinen Namen veränderst«, über: »Du verwendest das jetzt aber bitte nicht für dein Buch und schreibst, die Sophie von Magazin XY hat mir das über Caroline Daur erzählt«, bis hin zu: »Lass das lieber raus. Ich glaube nicht, dass mein Arbeitgeber das gutheißen würde. Hinterher werde ich noch gefeuert. Aber bin stolz auf dich. Du bist einfach viel mutiger als ich.«

Das Ergebnis: Ich konnte nicht alle Informationen, die ich in dem vergangenen Jahr gesammelt habe, verwenden und musste in Einzelfällen die Namen unkenntlich machen. Ich akzeptierte alle Bitten. Zähneknirschend. Obwohl es mir bei manch einer Begebenheit regelrecht wehtat, sie wieder aus meiner Word-Datei zu löschen. Warum ich das trotzdem tat? Die freie Meinungsäußerung ist das höchste Gut unserer Demokratie. Wir dürfen sie nicht mit Füßen treten, indem wir Menschen, die uns vertrauen, hintergehen, würde das doch nur dazu führen, dass sie auch bei anderen Personen genau darauf achten, was sie von sich geben. Ich selbst habe mich freiwillig dazu entschieden, dieses Buch zu schreiben, mich hat niemand gezwungen oder überredet. **Ich schreibe es, weil ich die leise, größenwahnsinnige Hoffnung hege, dass dieses Buch den Unterschied machen wird. Dass nach der**

Lektüre sich mehr Menschen öffentlich äußern werden. Vielleicht sogar manch eine Influencerin selbst.

Da ist beispielsweise die Influencerin Vreni Frost. Nachdem ich vor Kurzem in dem Podcast *Influence*[19] über meine Kolumne *Warum mich die Influencer-Welt anekelt*, auf der dieses Buch basiert, sprach und mit der funkelnden Instagram-Welt teilweise abrechnete, kommentierte Frost: »Ich fand den Podcast superspannend, auch wenn ich deine Ansichten nicht alle teile. Dafür stecke ich noch zu tief drin im Game. Den Punkt mit den Designer-Handtaschen kann ich aber sofort unterschreiben. Als Dolce & Gabbana anfing, mit Influencerinnen zusammenzuarbeiten, wurde die Marke für mich untragbar – noch bevor sie sich selber mit ihren rassistischen Äußerungen ins Aus geschossen haben. Danke für die vielen guten Streitpunkte, die mich zum Nachdenken anregen.«

Ich hoffe auf weitere mutige Influencerinnen, die nach der Lektüre dieses Buches beginnen, über ihre Branche zu reflektieren und mir die Frage, ob Instagram sie wirklich glücklich macht, beantworten. Ich möchte an dieser Stelle festhalten, dass die Welt der Influencer sehr komplex ist und dieses Buch keine vollständige Analyse dieser Welt liefern kann.

Und bevor du nun in ihre Welt eintauchst, möchte ich betonen, dass meine Ausführungen keine Abrechnung mit dem Berufsbild Influencer sein soll. Vielmehr möchte ich mit der Lektüre zum Nachdenken anregen und die aufgehübschte Instagram-Welt ein wenig entzaubern. Ich mag keine Verallgemeinerung, deswegen mögen die Influencerinnen, denen du folgst, ganz anders sein als manche der Frauen, die ich traf. Doch Fakt ist: Einige dieser Frauen wirkten auf mich zutiefst unsicher und verhielten sich arrogant, herrisch und oberflächlich. Von fast allen war ich in der Realität hemmungslos enttäuscht. Ich wäre mit keiner von ihnen gerne befreundet. Aber man darf und sollte nicht alle Influencerinnen über einen Kamm scheren. Und wie in jedem Bereich unseres Lebens gibt es natürlich Ausnahmen, welche die Regel bestätigen.

Es ist möglich, dass im Folgenden keine einzige Person vorkommt, der du selbst folgst. Das ist nicht weiter tragisch. Ich wünsche mir, dass du die folgenden Kapitel als Anreiz betrachtest, die Profile der Influencer, denen du folgst, stärker zu hinterfragen. **Sei kritisch: Warum interessiere ich mich für diese Person? Welchen Mehrwert bietet mir diese Influencerin? Inspiriert sie mich wirklich? Oder erzählt sie den ganzen Tag nur von sich?** Bereichern mich ihre Storys? Oder fühle ich mich nach dem Besuch ihres Instagram-Profils schlecht?

Wer ist ein Influencer?

Instagram hat Stars in einer solchen Geschwindigkeit geschaffen, dass die Prognose des Künstlers Andy Warhol: »In Zukunft wird jeder 15 Minuten weltberühmt sein«,[20] eintraf. **Prominenz steht schon lange nicht mehr in Verbindung mit Talent: Berühmtheit ist zur Massenware geworden.** Doch Warhol ahnte nicht, was mit Social Media einmal möglich sein würde. Denn die Influencer dürfen ihre »Berühmtheit« nun schon seit einigen Jahren genießen. Dank Instagram. Würde Instagram heute abgeschafft werden, ginge damit auch ihre Welt gefüllt mit Rabattcodes, Filtern und Markenhandtaschen sang- und klanglos unter.

Die bekanntesten deutschen Influencer sind laut der Studie *Spotlight 4.0* der Medienagentur Wavemaker[21] Frauen aus den Bereichen Mode, Fitness und Musik. Angeführt wird die Liste von der Sängerin Lena Meyer-Landrut. Fraglich ist, warum sie unter den Begriff Influencerin fällt. Für mich ist Meyer-Landrut keine Influencerin. Sie ist eine Sängerin, die auch ein Instagram-Profil pflegt. Ihre Auflistung, direkt neben der YouTuberin Dagi Bee, die mit YouTube-Videos, wie »Ich schminke mich mit MAKE-UP, das noch NIE veröffentlicht wurde!«, berühmt wurde, verdeutlicht die Schwierigkeit, den Begriff Influencer klar zu definieren.

Ich möchte an dieser Stelle meine Definition mit dir teilen: Ein Influencer ist für mich eine Person, die ausschließlich aufgrund ihrer inszenierten Selbstdarstellung in den sozialen Medien bekannt ist, indem sie Fotos auf Instagram postet, zusätzlich einen Blog schreibt oder eben Videos für YouTube, TikTok und Co. dreht.

Der gravierende Unterschied zwischen Influencern und Personen des öffentlichen Lebens wie Lena Meyer-Landrut besteht darin, dass die Influencer keine Werbung für Firmen machen, weil sie berühmt sind. Sie sind nur bekannt, weil sie Werbung machen. Einfacher formuliert: **Den Influencern ist es dank der Erfindung von Instagram erfolgreich gelungen, ihre eigene Relevanz zu suggerieren** – ohne ein besonderes Talent zu haben oder gar ein Experte in einem bestimmten Gebiet zu sein.

Warum die Prominenz der Influencer nicht stärker hinterfragt wird, macht mich nach wie vor sprachlos. Und die kritischen Artikel in den seriösen Medien, wie dem *Manager Magazin, Spiegel, Stern, Zeit, Welt,* lesen die jungen Frauen, die den Bloggerinas auf Instagram folgen, meist nicht. Die *Spiegel*-Leserschaft ist beispielsweise sehr männlich und alt: Mehr als doppelt so viele Männer wie Frauen lesen das Magazin, und die 40- bis 49-Jährigen bilden den größten Leseanteil.[22]

Ein gutes Beispiel für das Nicht-Influencer-Dasein trotz hoher Reichweite auf Instagram ist die Schauspielerin Emilia Schüle. 219.000 Abonnenten folgen ihr auf Instagram. Auch in ihrer Timeline gibt es die üblichen Roter-Teppich-Bilder und Kooperationen mit bekannten Marken wie dem Schmuckhersteller Bulgari, aber vor allem Trailer ihrer Filme, Meinungen, Themen, Inhalte. Und Schüle sieht Instagram kritisch. Sehr kritisch. **»Instagram ist leider überflutet mit sinnentleerten Inhalten und wahnsinnig selbstfokussierten Influencern, da versuche ich, mich abzugrenzen«**, erklärte sie der deutschen *VOGUE* im August 2018. »Ich sehe Social Media und das, was es propagiert, kritisch.«[23]

Der gravierende Unterschied zwischen ihr und den Influencern: Schüle wurde nicht durch die offensive Darstellung ihres Privatlebens bekannt. Sie drehte bereits in ihrer Jugend etliche Filme und wurde aufgrund ihrer schauspielerischen Leistung in der *Tatort*-Folge *Das Wegwerfmädchen* über Nacht deutschlandweit berühmt. »Klar hatte ich auch Phasen, wie die zwischen Teenie-Darstellerin und erwachsener Schauspielerin, wo ich mir gewünscht hätte, dass das Leben in eine andere Richtung geht. Und ja, ich musste auf einiges verzichten, habe aber auch viel gewonnen. Ich habe das nie als Grenze gesehen, sondern als Ansporn an mich selbst, noch mehr zu investieren«,[24] so Schüle. Die Schauspielerei ist, seit sie klein ist, ihre große Leidenschaft, nicht Social Media.

Emilia Schüle ist auf Instagram aktiv, weil es heutzutage auch im Filmgeschäft nicht unüblich ist, bei Castings nach der Followerzahl gefragt zu werden. Unglücklicherweise. Aber Schüle unterstreicht oft den Mehrwert einer digitalen Auszeit, wie in einem Werbespot für Bulgari, in dem sie nach ihrem *golden moment in life* gefragt wird. Ihre Antwort: »Ich habe in der letzten Zeit viel Digital-Detox-Time gehabt. Einfach *me time*. Ende der Geschichte.«[25] Und Schüle spricht äußerst ungern über ihr Privatleben. Auch die Interviews mit der Presse sind in fast allen Fällen projektbezogen: filmbezogen.

Ganz anders ist das bei den prominenten deutschen Influencern, zu welchen meine Definition eines klassischen Influencers passt: Caro Daur, Pamela Reif, Cathy Hummels, Leonie Hanne, Riccardo Simonetti, Ina Aogo, Ann-Kathrin Götze oder Carmen Mercedes, auf Instagram Carmushka genannt. Wir kennen ihr Schlafzimmer, ihr Badezimmer, die depressive Jugend Hummels[26], wissen, ob ihr Sohn Ludwig gerade krank ist, oder wie Simonettis Haare geföhnt werden. **Der Grund: Ihr komplettes berufliches Dasein basiert auf der offensiven Inszenierung ihres Privatlebens.** Simonettis Story umfasst in diesem Augenblick, während ich diese Zeilen niederschreibe, 49 Bilder. Inklusive Videos. An einem einzigen Tag!

Das Geschäftsmodell Influencer

Was auf Instagram immer so spielerisch leicht aussieht, ist in der Realität ein Geschäft. Hinter Instagram steckt eine Industrie. Und es geht um Geld. Viel Geld. Wie in jedem anderen Business auch. Und das Geschäft mit den Influencern boomt. Immer mehr Unternehmen nutzen die Reichweite der Instagram-Stars, deren Ansehen und Glaubwürdigkeit bei ihren Followern, um für ihre Produkte zu werben. Laut dem deutschen Onlineportal für Statistik, Statista, wird sich das Marktvolumen für Influencer-Marketing in der DACH-Region im Jahr 2020 auf 990 Millionen Euro belaufen. Fast eine Milliarde Euro.[27]

Die Währung in der Welt der Influencer: Reichweite. Umso mehr Follower, Views und Likes eine Bloggerina hat, umso mehr zahlen die Firmen ihr dafür, dass sie deren Produkte in die Kamera hält. Wie viel für eine Kooperation gezahlt wird? Unterschiedlich. Es kommt auf die Reichweite der gebuchten Person an. Die Margen sind schwer nachvollziehbar. Denn die Bloggerinas schweigen allesamt beharrlich über ihr Einkommen. Vielleicht, weil zwei grundlegende Dinge für den Erfolg eines jeden Instagram-Stars essenziell sind.

Erstens: Niemand darf bemerken, wie viel Geld die Influencer mit Instagram-Aktivitäten verdienen. Schon gar nicht, dass einige von ihnen längst Einkommensmillionäre sind. Der Grund: Es würde ihre Follower schockieren. Und was noch viel wichtiger ist: Die Instagram-Gefolgschaft muss davon überzeugt sein, dass die Person niemals vorhatte, berühmt zu werden. Dass ihre Instagram-Karriere allein dem Zufall geschuldet ist.

Die goldene Regel für die professionelle Nutzung von Instagram: Das Instagram-Profil muss hochwertige Inhalte bieten, aber möglichst spontan wirken. Top-Influencerin Caroline Daur hat es der *BILD*, als sie bereits 608.000 Instagram-Follower hatte, in einem Videointerview einmal so erklärt: »Was heißt Instagram-Profi? Ich poste Bilder. Mehr nicht. (...) Social-Media-Profi, sag das nicht. Ehrlich gesagt, plane ich gar nichts. Ich versuche, auch nicht allzu viel Zeit am Handy zu verbringen. (...) Ehrlich gesagt, habe ich keine großen Ziele vor Augen. Ich blicke nur eine Woche im Voraus.«[28]

Ein Mädchen, mit Anfang zwanzig, das sich hochpreisige Werbedeals mit weltberühmten Marken, wie der Kosmetikfirma M A C, im Alleingang an Land zieht, postet einfach drauflos? Plant nichts in ihrem Leben? Will keine Ziele haben. Das nehme ich ihr nicht ab. Brauche ich aber auch nicht. Wichtig ist nur, dass ihr die 2,1 Millionen Instagram-Accounts, die ihr folgen, die Rolle des Mädchens von nebenan abnehmen.

Auch dem Influencer Riccardo Simonetti liegt viel daran, dass sein Geschäftsmodell nicht kritisiert wird. »Es wird ein weit von der Realität entferntes Bild von einem digitalen Monster erschaffen, das für jeden Post Unmengen an Geld bekommt«,[29] erklärte er der *Frankfurter Allgemeinen Zeitung* am Rande seines Abmahnstreits. Also erhalten Influencer nicht viel Geld für ihre werblichen Instagram-Posts? Doch!

Branchenbeobachtern zufolge kassieren prominente Influencer mit mehreren Millionen Followern durchaus schon einmal einen sechsstelligen Betrag für ein einziges Foto in ihrer Timeline. Damit sind aber vor allem Celebrity-Influencer, wie Kim Kardashian, gemeint. Die deutschen Instagram-Stars sollen hingegen Gagen im höheren fünfstelligen Bereich kassieren.[30] Für manch eine Kooperation gar fünfzigtausend

Euro. Was ich weiß: Eine deutsche Bloggerin mit über zweihunderttausend Followern und durchschnittlich zweitausend Likes pro Foto erhält dreitausend Euro für ein gesponsertes Foto in ihrer Timeline. Ihren Namen darf ich hier leider nicht angeben.

Mit wenigen Instagram-Veröffentlichungen verdient eine deutsche Top-Bloggerina, die mehr als eine Million Follower hat, vermutlich das Jahresgehalt von dir oder deinen Eltern. Das ist natürlich nur eine vage Behauptung, um dir einen plastischen Eindruck zu vermitteln. Denn jede Kooperation wird anders vergütet, und ich weiß nicht, was du oder deine Eltern verdienen. Und es kommt immer auf die Statistik der jeweiligen Influencer an: Follower, Likes, Story-Views, Markenfit. Fest steht: Was ich in einem Jahr verdiene, verdient manch eine Bloggerina mit zwei, oder drei hoch bezahlten Kooperationen. Traurig, aber wahr.

Warum die Firmen den Bloggerinas so viel Geld bezahlen? Simpel formuliert: Das Instagram-Profil einer Influencerin ist für die Firma, für die sie wirbt, wie ein verlängerter Arm. Die Unternehmen wissen, wenn sie dir auf ihrem eigenen Instagram-Account ihre Produkte vorführen, warnt dein Gehirn: Achtung, Werbung! Wenn dir aber eine Influencerin, die wie deine beste Freundin wirkt, einen Lippenstift empfiehlt, wirkt es auf dich wie eine Herzensempfehlung. Unter Freundinnen empfiehlt man sich eben Produkte. Ganz normal.

Social-Media-Werbung wird deswegen so gerne gebucht, weil sie auf die Konsumenten authentisch und eben nicht wie eine klassische Werbeanzeige wirkt. Was viele Firmen vergessen: Auf Instagram sind nicht nur die Bilder fake. In vielen Fällen sind es auch die Statistiken. Zuletzt, im Juli 2019, fiel Cathy Hummels in Ungnade: Zehntausende der digitalen Herzen auf ihrem Instagram Account sollen, laut

Medienberichten, gekauft worden seien. Und die falschen Herzen sind nicht ausschließlich alt, sondern zieren auch Cathys aktuelle Bilder.[31] Hummels' Management dementierte die Meldung.

Der Job der Instagram-Stars in einem Satz erklärt: Sie finanzieren ihren Lebensunterhalt mit der Aufmerksamkeit ihrer echten und in manchen Fällen falschen Follower. **Solltest du Influencer auf Instagram folgen, profitieren sie von deiner Zeit.** Ich selbst habe auf Instagram keine einzige Bloggerina mehr abonniert. Mir persönlich bieten sie keinen Mehrwert. Und ich habe keine Lust, mir weiter Dauerwerbesendungen anzusehen, in der die Influencer privat wirken, ohne privat zu sein. Was ich damit meine? Ein Großteil der erfolgreichen Bloggerinas postet nicht einfach mal so eben ein Foto. Viele von ihnen beschäftigen Agenturen oder ein Management, das ihr Instagram-Profil überwacht, mit ihnen an ihrem Leitbild feilt.

Hinter den Profilen der Bloggerinas steckt oft eine gewisse Taktik. Nehmen wir die Spielerfrau Cathy Hummels, ihr Instagram-Profil schreit geradezu: »Seht mich an, ich bin eine glückliche Mutter und Ehefrau.« Und da Mütter nun mal nicht immer perfekt gestylt sein können, zeigt Cathy sich offensiv ungeschminkt. Sie schreibt in ihrer Story: »Hauptsache das Outfit stimmt ... NICHT«, oder notiert unter ihr Timeline-Bild: »Auf nach New York – guck guck – 😊? Big 👋? PS: mal wieder Schlabbi Sachen und No Make-up. Aber so fliege ich nun mal 😆 Und ihr?«[32] Sie hat gelernt, dass Posts dieser Art am besten laufen.

Achte mal darauf: Cathy Hummels bleibt ihrem Leitbild immer treu. Nicht nur auf Instagram auch in Interviews, egal zu welchem Thema, schwärmt Hummels von ihrem Sohn Ludwig. Wenn sie gerade Werbung für das Outlet-Center Ingolstadt

Village macht, zum Beispiel so in ihrer Instagram-Story: »Hallo meine Lieben aus New York. Ich muss ganz leise sprechen, weil der Ludwig gerade auf mir schläft, und ich kann mich jetzt nicht bewegen, deswegen sitze ich hier auch in meiner Schlafanzughose. Ich wollte euch an ein ganz tolles Gewinnspiel erinnern. Und zwar mache ich das zusammen mit dem Ingolstadt Village. Und ihr könnt einfach mal auf die Seite des Ingolstadt Village gehen, da seht ihr auch, wie ihr an unserem Gewinnspiel teilnehmen könnt. (...) Wie ihr teilnehmt, seht ihr auf der Seite von Ingolstadt Village.«

Hummels wird wissen, dass dich rein werbliche Inhalte nicht interessieren. Deswegen durchmischt sie auf ihrem Profil meisterlich Werbeanzeigen mit Inhalten. Das sorgt dafür, dass du dir ihre Storys anschaust und dranbleibst. **Denn wenn sich niemand mehr für ihre Beiträge interessieren würde, wäre ihr Instagram-Profil wertlos. Ihr Geschäftsmodell: dahin. Es ist fraglich, was ihre Berufsbezeichnung dann wäre.** Schließlich besteht Cathys Job nicht darin, Fußball zu spielen, zu schauspielern, zu singen oder als Reporterin über Missstände zu berichten, sondern schlicht und ergreifend darin, ihr Privatleben offensiv zu inszenieren.

Und Hummels weiß das vermutlich selbst. Vielleicht versucht sie deswegen, konstant als Moderatorin wahrgenommen zu werden. Kürzlich erst moderierte sie die deutschen People's Choice Awards. Vorbereitungen, Moderationstraining, Kleiderwahl: Alles dokumentierte und zelebrierte sie groß auf ihrem Instagram-Profil. Cathy erweckte mit ihren Postings[33] den Eindruck, dass es eine große Ehre wäre, dieses fulminante Event moderieren zu dürfen. In einem Video[34] auf rtl.de sah die mondäne Veranstaltung dann aber so aus: Circa zwanzig Leute stehen in einem Raum vor einer kleinen Erhebung, die einer Bühne gleichen soll, zusammen. Und Hummels kürt den German-Social-Media-Star. Wie passend: ein Event für Influencer von Influencern. Mehr Schein als Sein eben.

Neben einem Leitbild brauchen die Influencer ein hübsches Profil, das du dir gerne anschaust und das gleichzeitig nahbar auf dich wirkt. Selfies vermitteln dir das Gefühl, dass sich dir die Bloggerina offen zeigt. Und die Influencer sind darauf angewiesen, ein Leben zu führen, das dokumentierwürdig[35] ist und das du selbst nicht führst. **Du musst sie bewundern, beneiden, ein Teil ihrer Welt sein wollen.**

Auch der Instagram-Algorithmus spielt eine große Rolle. »Wenn Sie sich zur Gewohnheit machen, mehrmals am Tag zu posten und dann nur noch wenige Male pro Woche zu wechseln, werden Sie anfangen, Anhänger zu verlieren und weniger Engagement pro Post zu generieren«, erklärt der Social-Media-Experte Neil Patel.[36]

Und damit dir ihre Storys vorne und nicht hinten angezeigt werden, müssen die Frauen täglich Gas geben. Das bedeutet: Posten, posten, posten. Ein Beispiel: Hummels hat an einem Tag 15 Storys und ein Timeline-Foto hochgeladen. Ihre Quote: ausreichend. Ihr Tagesziel: erreicht. Dank ihrer 511.000 Follower kann die Spielerfrau auf Hashtags und den Aufbau einer Community getrost verzichten, die hat sie bereits.

Andere, die noch nicht so viele Follower haben, setzen Hashtags, damit sie besser gefunden werden, dreißig sind pro Post erlaubt. Und nach jedem Post müssen sie mindestens eine Stunde für Reichweite sorgen. Wir kennen das Spiel bereits aus meinem Selbstversuch: Bilder von anderen liken, kommentieren, folgen, auf Kommentare reagieren. Es ist ein Spiel für Erwachsene, ein gefährliches.

Die Dauerwerbesendung der Influencer

Wenn du bekannten Influencern auf Instagram folgst, konsumierst du ziemlich viel Werbung. Und überweist den Influencern quasi Geld in Form deiner Aufmerksamkeit. **Ob dir die Dauerwerbesendung auf Instagram nutzt? Ich wage es zu bezweifeln.** Denn viele der Influencer bewerben vor allem hochpreisige Cremes, Handtaschen, Lippenstifte und überteuerte Nahrungsmittel. Die Influencerin Leonie Hanne wirbt beispielsweise für die La Mer Creme. Dreißig Milliliter dieser Creme kosten 141,95 Euro. Wie viele ihrer zwei Millionen Follower sich solch einen Luxus leisten können? Vermutlich die allerwenigsten.

Doch viel wichtiger ist die Frage: Bieten dir die gesponserten Storys und Fotos einen gehaltvollen Mehrwert? Vermutlich nicht. Denn Produkttests sind in der Instagram-Welt leider selten. Das bedeutet: Die meisten Influencer vergleichen keine teuren Cremes mit einer günstigen Alternative von Nivea und erklären dir, ob das teure Produkt sein Geld wert ist, sondern versuchen, dich zum Kauf zu animieren. Und damit du einen Einkauf tätigst, loben die Influencer die von ihnen beworbenen Produkte über den grünen Klee. Alles ist immer: supertoll. Supergut. Fantastisch. Phänomenal. Gigantisch. Großartig. Außergewöhnlich. Einfach nur toll. Drei Kostproben gefällig?

Bloggerina Carmushka, 785.000 Follower, Kooperation mit der Firma Rituals

Werbung (...) Ich mache mich gerade an einen gründlichen Hausputz und dann wird herbstlich eingerichtet! Am gemütlichsten wird es mit vielen, vielen Kerzen, und am liebsten habe ich da momentan die neue Home Kollektion von @ritualscosmetics. Bei uns in der Wohnung riecht es ohnehin schon das ganze Jahr wie in einem Rituals Store und ich kann mich nie entscheiden, welche Düfte ich uns anzünden soll, weil JEDER so gut riecht. Der Code CarmushkaHome ist ab heute zwei Wochen aktiv und ihr bekommt 15 % auf eure Bestellungen online bei Rituals. Wie bereitet ihr euer Zuhause auf die gemütliche kältere Jahreszeit vor? Ich brauche wohl noch ein paar mehr Inspirationen.[37]

Ein kluger Post für Carmushka. Denn sie suggeriert euch, dass ihr mit eurem Kerzenkauf einfach gar nichts falsch machen könnt. Weil ALLE, wirklich ALLE Kerzen super duften. Neben dem tollen Tipp beschenkt sie euch sogar noch mit einem einmaligen Rabattcode. Was für eine Chance. Und sie hat ehrliches Interesse an eurer Meinung: Könnt ihr, ihre Freundinnen, sie bitte beim herbstlichen Dekorieren ihrer Wohnung mit Tipps unterstützen? Mag sein, dass sie eure Tipps wirklich brennend interessieren, aber was Carmushka eigentlich von euch möchte, ist Reichweite. Umso mehr ihr kommentiert und den Rabattcode einlöst, umso erfolgreicher ist ihre Kooperation mit Rituals. Und sie wird höchstwahrscheinlich ein zweites Mal gebucht. Vermutlich kann sie dann sogar eine höhere Bezahlung verlangen.

Spielerfrau Cathy Hummels, 512.000 Follower, Kooperation mit der Firma Oliva

Ihr Lieben, wie ihr wisst, teste ich seit einigen Wochen die #Oliva Produkte, die ihr seit kurzem bei @rewe bekommt. Alle Produkte sind mit pflanzlichem Olivenöl angereichert und spenden ein wahnsinnig schönes Hautgefühl! Heute stelle ich euch die Handcreme vor, die mich stets in meiner Handtasche begleitet. Bei uns gehen die Temperaturen bereits gegen Null und die Haut reißt ständig auf. Die #OlivaHandcreme hilft toll gegen rissige Hände, probiert es unbedingt aus! Auch Ludi freut sich, wenn ich ihn nicht mit Schmirgelpapier kuschel. #REWE Wie pflegt ihr eure Hände in der kalten Jahreszeit? WERBUNG[38]

Hier werden private Inhalte klug mit Werbung durchmischt. Denn Cathy teilt mit euch ihren Alltag, erwähnt ganz nebenbei ihren Sohn Ludwig und empfiehlt die Handcreme, die sie stets in ihrer Handtasche begleitet, obwohl sie das Produkt erst seit einigen Wochen testet. Ein reines Werbefoto für die Marke Oliva in ihrer Instagram-Timeline wäre wesentlich ehrlicher. Authentischer eben. Aber solch ein Post würde weniger Reichweite in Form von Likes und Kommentaren mit sich bringen.

Ex-*Germany's-Next-Topmodel*-Teilnehmerin Betty Taube-Günther, eine Million Follower, Kooperation mit dem Blumenhersteller Emmie Gray

WERBUNG. GEWINNSPIEL. Wer hat auch keine Lust, Blumen zu gießen? Hier die Lösung: GEWINNE eine Rosenbox von @emmiegray, die du völlig frei nach deinen eigenen Wünschen gestalten kannst! Folge @emmiegray – Tagge 2 Freunde in den Kommentaren – Lasst ein Like hier. Was können wir unseren Hochzeitsgästen schenken? Es sollte etwas Bleibendes sein. Mir fiel sofort ein, dass es da etwas ganz Besonderes gibt. Eine Rose, die ewig hält und das perfekte Symbol für unseren großen Tag ist. Klein, schön & klassisch. Nebenbei hat es auch noch perfekt zu unserer Hochzeitsdeko gepasst. Immer wenn ich meine Freunde & Familie besuchen gehe, sehe ich bei ihnen zu Hause unsere Rose stehen. Wie gefällt euch die Idee?[39]

Menschen lieben Gewinnspiele. Das war schon immer so und wird für immer so sein. Sobald es etwas umsonst gibt, wollen wir es urplötzlich haben. Da das Gewinnspiel in diesem Fall von einer Person ausgeht, deren Leben wir täglich verfolgen, wirkt es auf uns, als möchte uns unsere digitale Freundin beschenken. Und dann verschenkt Betty an uns auch noch dasselbe persönliche Geschenk, das sie ihren Hochzeitsgästen schenkte. Aber eigentlich versteckt sich hinter diesem Post ein klassischer Werbedeal: Betty erhält Geld und soll dafür so viele ihrer Follower wie möglich auf den Instagram-Kanal von Emmie Gray locken. Dadurch, dass die Voraussetzung, um an

dem Gewinnspiel teilzunehmen, darin besteht, dem Blumenhersteller zu folgen, gewinnt dieser selbst Follower.

Es fiel mir außerordentlich schwer, mich für genau diese
drei Beispiele zu entscheiden, weil Instagram voll mit absurden Werbeposts ist, bei denen das Produkt teils abstrus in den
Himmel gelobt wird. Aber mir war es an dieser Stelle wichtig,
euch drei Varianten aufzuzeigen: Rabattcode, Werbung, Gewinnspiel. Man mag jetzt argumentieren, dass die Influencer,
denen ihr folgt, ihre Kooperationen von Anfang an sehr ge-
zielt auswählen. Und wirklich nur das posten, was sie mögen.

Kann sein, aber sind wir einmal ehrlich: Wie oft ha-
ben wir selbst schon einen zielgerichteten Einkauf von einer
Marke getätigt, die wir schätzen, uns vielleicht vorher sogar
Bewertungen im Internet durchgelesen, um am Ende maß-
los enttäuscht zu sein? Mir ist das schon oft passiert. Zu oft.
Die Henkel meiner Handtasche fielen ab. Das neu erworbene
Make-up löste einen fiesen Hautausschlag aus, der Absatz von
meinem Schuh brach. Meinen Freundinnen hätte ich diese
Produkte allesamt nicht empfohlen.

Ein Tag im Leben von Instagram-Star Leonie Hanne

Mai 2017

Bilderbuchkarriere: Leonie Hanne hat mit ihrem Blog *Ohhcouture* das geschafft, wovon Millionen junger Mädchen träumen: Sie wird dafür bezahlt, Kleidung zu tragen und in den schönsten Hotels der Welt zu wohnen. Zeit für mich, den Instagram-Star in der Realität kennenzulernen. Meine Anfrage für ein Videointerview für *Orange* beantwortet ihr Manager, Geschäftspartner und Lebensgefährte Alexander Galievsky. Die Abstimmung entpuppt sich als schwierig.

Einen eigenen Drehtermin für mich gibt es nicht, jettet Leonie doch ganzjährig um die Welt, aber ich darf sie während ihres Drehs für Huawei begleiten. Dem Geschäftsführer des Handyherstellers wird das bestimmt gefallen, ist doch das *Handelsblatt*, wozu *Orange* gehört, die renommierteste Wirtschaftszeitung Deutschlands. Ob sie den Film vor Veröffentlichung zur Genehmigung vorgelegt bekommen, fragt mich Galievsky. Per E-Mail. Allein dieser Wunsch zeigt, wie es im Leben der Influencer zugeht. Missmutig stimme ich zu, hat der Film doch keinen Neuigkeitswert für unser Jugendportal. Diese Zustimmung werde ich im späteren Verlauf noch bereuen.

Wenige Tage später treffen wir uns in Düsseldorf. Galievsky stellt klar: Die Dreharbeiten von Huawei dürfen nicht gestört werden, für uns heißt das: warten. Leonie wird geschminkt und zurechtgemacht, dann beginnt der Dreh. Sie dreht das Smartphone in ihren Händen. Rechte Hand. Linke Hand. Wieder zurück. Vor ihr steht ein Werber des chinesischen Herstellers Huawei und fragt sie nach ihrem Leben. Wer ihre Vorbilder sind. Woher sie ihre Ideen bekommt. Und wie sie überhaupt dazu kam, zu bloggen. Es soll locker rüberkommen. Das ist dem Mann wichtig. Dazwischen gibt ein Fotograf knappe Anweisungen. Sie soll das Handy natürlich halten. Und immer schön in die Kamera lächeln.

Neben Leonie steht ihr Freund Alexander Galievsky. Normalerweise fotografiert er sie, macht ihre Locken, packt ihren Koffer. Und das mit Erfolg. Denn Leonie ist weder eine ausgebildete Schauspielerin noch ein professionelles Model. Sie postet einfach Bilder auf Instagram, wie sechshundert Millionen andere Nutzer im Netz. Der Unterschied? Leonie verdient Geld damit. Sehr viel Geld. Ihr digitales Märchen begann in Hamburg, wo sie 2014 ihren Blog *Ohhcouture* startete. Ihre ersten Worte: »Hi, ich bin Leonie. Mode- und Travel-Bloggerin aus Deutschland, aber ich bereise die ganze Welt. Danke, dass du meine Abenteuer begleitest.« Knapp zweieinhalb Jahre später zählt sie zu den größten Stars im Netz. 1,1 Millionen Menschen folgen ihr auf Instagram, und ihre Bilder sind längst nicht mehr nur ihr Hobby, sondern ihr Job. 2015 gibt sie ihre berufliche Tätigkeit als Strategieberaterin auf, um sich ganz ihrer Bloggerina-Karriere zu widmen. Heute ist Instagram ihre Bühne und Verkaufsfläche zugleich.

Denn so viele Follower wie Leonie haben nur die wenigsten Influencer auf der ganzen Welt. An diesem Tag will Huawei, dass die 28-Jährige ihre Follower beeinflusst und dessen neuestes Handy bewirbt. Jens-Peter Hilger ist bei Huawei dafür zuständig, dass die Produkte im Internet gut rüberkommen. Er sagt: »Influencer sind ein elementarer Bestandteil im digitalen Leben unserer Zielgruppen und Kunden. Neben der Steigerung unserer Markenbekanntheit wollen wir zeigen, wie vielfältig man unsere Produkte einsetzen kann.«[40] Auf Deutsch: Leonie soll dafür sorgen, dass Huawei-Handys cool sind. Und dass viele ihrer Follower Huawei-Handys kaufen.

Wie viel sie dafür von Huawei bekommt, verrät Leonie nicht. Doch Anne Höweler, Gründerin und Chefin der Agentur COVER Communications weiß: »Die Großen der Branche bekommen schnell zehntausend Euro für eine einzelne Kampagne.«[41] Höweler muss es wissen. Topstars der Branche wie Jessica Weiß, die übrigens einen Blog startete, bevor Instagram zum Businessmodell wurde, vertrauen ihr. Und auch Leonie gehört zu ihrem Netzwerk. Ebenjene ist heute gestresst. So viele Leute um sie herum. Das ist einfach nicht ihr Ding, am liebsten arbeitet sie zu zweit. Mit ihrem Freund. Während eine Visagistin herbeieilt und Leonie abpudert, wird die Musik aufgedreht. Es läuft *Who run the world? Girls!* – Wer regiert die Welt? Die Mädels! Leonie soll sich entspannen. Ihr Freund steht neben ihr und hält die Haarbürste. In diesem Moment ist es aber der Kameramann, der sagt, wo es langgeht.

In der Pause versuche ich, sie für mein Interview zu erwischen, aber Leonie möchte jetzt nicht interviewt werden. Sie möchte mit Alex allein sein. Die Crew verlässt den Raum. Ich warte. Mein Kameramann wartet. Der Huawei-Dreh geht weiter. Die Stunden vergehen. Langsam frage ich mich, ob ich sie überhaupt noch interviewen werde und bitte ihren Lebensgefährten, vor der Kamera Platz zu nehmen. Das folgende Wortlautinterview mit Alex, ebenso wie das mit Leonie habe ich für das Jugendportal *Orange by Handelsblatt* geführt, wo es nach wie vor online zu finden ist. Ich zitiere an dieser Stelle lediglich daraus[42]:

Alex, du bist auch ihr Manager. Wie habt ihr euer Geschäft begonnen?

Das ist eine ganz witzige Geschichte. Leonie hatte schon immer ein Faible für Mode, auch wenn sie BWL studiert hat. Sie hat dann durch die schwindende Größe ihres Kleiderschrankes angefangen, ihre Klamotten auf Kleiderkreisel zu verkaufen. Und weil sie schon immer ein Auge für Kombinationen hatte und in vielen Stores gearbeitet hat, hat sie die Outfits angefangen zu stylen. Ein Oberteil hat sie kombiniert mit einem Mantel oder mit Schuhen. Sie ist dadurch sehr groß auf Kleiderkreisel geworden. Dann haben sich die Anfragen, ob sie einen Blog hat, gemehrt.

Wie teilt ihr euch die Arbeit auf?

Leonie macht alles, was Kreativität angeht, und ich mache alles drum herum. Sie ist der kreative Kopf und ich bin der Organisator.

Ich stelle noch weitere Fragen. Seine Antworten: wenig überraschend. Worthülsen. Marketingsprache. Das Warten auf Leonie geht weiter. Am Ende bleiben uns nach langer Wartezeit nur wenige Minuten. Das Taxi steht bereits draußen.

Leonie, was würdest du dem Bloggernachwuchs raten?

Ich glaube, dass es in dem Bereich viele Möglichkeiten gibt, aber man muss schauen, was einem selbst Spaß macht. Ich liebe Fotografie, aber bin nicht die klassische Rampensau.

> Rote Teppiche machen mich ein bisschen nervös, wenn ganz viele Fotografen vor einer Show stehen, versuche ich mich eher wegzuducken, anstatt das auszunutzen.

Wenn ich mir das Interview anschaue, bereue ich jedes Mal, dass ich sie nicht gefragt habe, was sie mit ihrer angedeuteten Schüchternheit meint. Denn die allermeisten Fotos auf ihrem Instagram-Profil zeigen sie selbst. Nur, dass sie während ihrer Influencer-Karriere mehrmals ihre Strategie wechselte: Anfänglich zeigte sie sich in teils abgefahrenen Outfits von vorne, dann meist von der Seite, wo der Fokus auf perfekt inszenierten, malerischen Bildern lag, heute hingegen wieder von vorne. Offensiver denn je. Inklusive freizügiger Aufnahmen oben ohne. Nur mit einer Strumpfhose bekleidet.

Was während ihrer Influencer-Karriere konstant gleich bleibt: Ihr Gesicht ist ihr Kapital, nicht ihre fotografischen Künste. Sie fotografiert sich nicht selbst, das macht Alex. Unternehmen zahlen Leonie viel Geld dafür, dass sie sich mit deren Kleidung oder deren Schmuck ablichten lässt. Sie ist eine Werbefigur.

Und zum Thema »keine klassische Rampensau«: Wenn man Leonie googelt, erhält man 1.600.000 Ergebnisse. Innerhalb von 38 Sekunden. Darunter unzählige Bilder von den von ihr angesprochenen Modenschauen oder auf dem roten Teppich vor Events. Aufgenommen von Pressefotografen. Auch Fotografien aus den Jahren 2015, 2016, 2017. Das »Wegducken« hat wohl nicht ganz geklappt. Und während ich diese Zeilen schreibe, nimmt Leonie gerade an der »Cruise 2020 Spin-Off Show« teil. In ihren Storys sieht man, wie sie sich fotografieren lässt. Am Ende folgt gar ein Schwenk auf die Masse von Fotografen, die Leonie ablichten. Nervös wirkt sie nicht. Sie strahlt vielmehr und lässt ihre Jacke über ihre rechte Schulter gleiten. Ihr Knöchel wird sichtbar.

Wie viel arbeitest du in der Woche?
Extrem viel. Heute ist Samstag, morgen ist Sonntag und ich bin zu Hause, aber packe schon für die nächste Reise, die am Montag beginnt. Wir schauen, dass wir beim Essen und vor dem Einschlafen abschalten, aber wir arbeiten schon extrem viel.

Tage nach unserem Interview verschicke ich die Filmaufnahmen an Alex. Zur Autorisierung. Die Länge: 02:49. Mehr war nicht drin. Prompt bemängelt Alex, dass wir Leonie in der Maske gefilmt haben. Das sei so nicht verabredet gewesen. Die Sequenz müssen wir vor der Veröffentlichung löschen. Das Fazit meines Tages: Zu viel Authentizität schadet dem Geschäft.

Die Macher der Influencer

September 2018

Leonies Manager ist ihr Freund. Andere, wie beispielsweise Bloggerina Caroline Daur, verhandeln ihre lukrativen Werbedeals mit den Firmen selbst aus. Daur akquirierte in der Vergangenheit auch ihre Aufträge größtenteils selbst. Ein Beispiel: Ihre Kooperation mit dem Kosmetikhersteller M A C ist dadurch zustande gekommen, dass sie bei einem Abendessen falsch platziert wurde und irrtümlicherweise neben den Angestellten von M A C saß.

Daur schilderte der Zeitung *DIE WELT* den glücklichen Zufall so: »Wir haben uns so gut verstanden – oft entsteht also auch einfach durch den persönlichen Kontakt oder Weiterempfehlung eine Kooperation. (...) Vor einem Jahr durfte ich bereits einen eigenen Lippenstift für M A C kreieren. Es hört sich etwas klischeehaft an, die Menschen dahinter sind so etwas wie Familie geworden.«[43] Das klingt nicht klischeehaft, sondern schlicht und ergreifend bescheuert. Und für mich: ein Anzeichen von Werteverfall. Denn wie oft trifft Daur ihre M A C-Familie wohl außerhalb ihrer Kooperation?

Während Daur sich um viele Dinge selbst kümmert, obwohl sie in der Kartei der Modelagentur METRO Models zu finden ist, werden andere Influencer von Agenturen gemanagt oder gehören zumindest dem Netzwerk einer Agentur an, die sie dann einzeln oder gemeinsam mit anderen Influencern für Werbeaufnahmen bucht. Eine dieser Agenturen ist Pulse Advertising.

Die Gründer Lara Daniel und Christoph Kastenholz kennen sich seit der Schule. Heute sind sie ein Liebespaar. Und während die meisten Menschen mit Mitte zwanzig ihre ersten Schritte in der Berufswelt gehen, sind Lara und Chris schon oben angekommen: Büros in New York, Hamburg, Mailand und London und ein Firmenumsatz in Millionenhöhe. Begonnen haben sie mit einem kleinen Modelabel, nur vier Jahre später leitet das Paar Europas wohl erfolgreichste Marketingagentur für Influencer. Tägliche Meetings mit den größten Social-Media-Stars unserer Zeit inklusive. Denn über zwanzigtausend Influencer gehören mittlerweile zu ihrem Netzwerk. Unter anderem Leonie Hanne, Kenza Subosic und Caroline Receveur. Auch die Karriere von Fitnessbloggerin Pamela Reif soll Kastenholz federführend aufgebaut haben, heißt es. Zeit für mich, das Managerpaar hinter den Influencern kennenzulernen.

An einem warmen Herbsttag mache ich mich für *Orange* auf den Weg in die Stadt, in der alles begann: Hamburg. In dem Office von Pulse treffe ich Lara. Mit ihr möchte ich über die Gründung ihrer Agentur, die Influencer und ihre Sicht auf den Instagram-Wahnsinn sprechen. Chris ist nicht da, er verweilt gerade in New York und beantwortet mir seine Fragen später per E-Mail. Das nachfolgende Wortlautinterview ist für *Orange* entstanden und nach wie vor auf der dortigen Homepage[44] zu finden. Ich zitiere an dieser Stelle lediglich daraus:

Lara, Chris, wie kommt man als Paar mit Anfang zwanzig dazu, eine Influencer-Marketingagentur zu gründen?
Lara: Wir wollten schon immer etwas Eigenes starten. Meine Masterarbeit war ein Businessplan für die Gründung eines Modelabels. Chris hat mich dann über Wochen täglich

angerufen und gefordert, dass wir den Businessplan tatsächlich umsetzen. Also sind wir nach der Uni nach Hamburg gezogen und haben Strandmode verkauft. Wir hatten aber kein Geld, um Werbung zu schalten.

Wie habt ihr das Problem gelöst?
Lara: Wir haben angefangen, mit Bloggern, Instagrammern und YouTubern zu kooperieren – und schnell gemerkt, dass dieser Teil unserer Marketingaktivitäten am besten funktioniert. Und so haben wir daraus bei einer Flasche Wein an einem Sonntagabend ein Business gegründet. Und das Modelabel schweren Herzens eingestellt.
Chris: Wir haben lange gedacht, man müsste auf die eine, die große Idee warten. Am Ende haben wir aber einfach losgelegt, ohne uns über einen Plan B Gedanken zu machen. Wir hatten ja nichts zu verlieren. Und dann haben wir durch die Umsetzung der ersten Idee wichtige Erfahrungen gemacht, die uns dann zur Gründungsidee von Pulse geführt haben.

Warum Pulse?
Lara: Erstens: Sonntagabend, Flasche Wein. Wir haben verschiedene Namen getestet und Pulse erinnerte uns an am Puls der Zeit sein. Und zweitens: Die Domain Pulse Advertising war günstig.

Und dann? Wie habt ihr euren ersten Kunden gewonnen?

Lara: Nachdem wir am Montagmorgen die Gewerbeanmeldung abgeschickt hatten, haben wir uns in die Arbeit gestürzt. Während ich unsere Website mithilfe von WordPress und YouTube-Videos programmierte, rief Chris potenzielle Kunden an. Das klang dann ungefähr so: »Hey, hier ist Chris von Pulse. Sie haben bestimmt schon mal von uns gehört …«

… hatte der Kunde bestimmt nicht!

Lara: Hat aber funktioniert. Nach zehn Tagen hatten wir unseren ersten Kunden. Das war damals nicht viel Geld, nur ein paar Hundert Euro, aber wir waren stolz.

Die erfolgreichsten deutschen Instagram-Stars Caroline Daur, Leonie Hanne und Xenia Adonts leben in Hamburg. Ihr beide habt eure Firma in Hamburg gegründet. Zufall?

Chris: Wir sind ja noch mit unserem Modelabel nach Hamburg gezogen, also vor der Werbung. Dass Hamburg als Medienstadt dann unser Gründungsort mit Pulse war, ist also Zufall. Na ja, nicht ganz, denn viele wären wahrscheinlich nach Berlin gezogen mit einem Start-up. Aber wir wollten auf Abstand gehen zu der Start-up-Szene mit all ihren Investoren und selbst eher bodenständig gründen.

Lara: Vielleicht sind es auch die kühle Nordluft und der viele Regen, die einen noch eine kleine Ecke kreativer machen als in anderen Städten Deutschlands.

Ihr habt die Karriere von Fitnessbloggerin Pamela Reif federführend aufgebaut. Gemeinsam mit ihr habt ihr eine App und ein Buch mit Fitnesstipps herausgegeben. Stimmt es, dass Pamela nicht mehr bei euch unter Vertrag ist?
Chris: Wir sind sehr glücklich, dass so positiv über viele unserer gemeinsamen Projekte berichtet wird. Ich glaube, es gehören immer zwei Seiten dazu, im Künstlermanagement erfolgreich zu sein, und wir haben das zusammen lange gemacht. Vor etwa zwei Jahren haben wir das Management gemeinsam beendet, bleiben aber seitdem weiter in Kontakt. Das ist nicht ungewöhnlich.

Seit vier Jahren vermittelt ihr jetzt schon Instagram-Größen und YouTube-Stars. Was fasziniert euch heute noch am Influencer-Marketing?
Lara: Ich liebe es, mir Inspiration zu suchen, und die sozialen Medien bieten so viele Möglichkeiten. Egal welche Interessen du hast, du kannst dich überall inspirieren lassen. Du kannst zu jedem Zeitpunkt Menschen finden, die dich dazu animieren, Vollgas zu geben. Ich liebe beispielsweise YouTube. Dort gibt es so viel zu entdecken. Dieser Funke Inspiration, um selber zu schauen, wer ich eigentlich bin.

Chris: Wir arbeiten plattformübergreifend von Instagram über YouTube zu Twitch oder TikTok und vielen mehr. Es ist wahnsinnig spannend, die Demokratisierung der Reichweiten so zu erleben. Man wird also unabhängiger vom traditionellen Verlagsgeschäft, dem ein Magazin gehört. Es kann jetzt jeder Meinungsführer werden und Menschen begeistern!

Das hört sich sehr positiv an, aber Instagram soll auch viele junge Menschen depressiv machen.
Lara: Es ist wichtig, die richtigen Accounts für sich zu finden. Natürlich gibt es Blogger, die alles schön zeichnen. Aber es gibt auch die authentischen, die ganz transparent zeigen: So sieht mein Tag aus – ich bin nicht immer happy. Man muss sich Instagram aus verschiedenen Perspektiven anschauen. Und bei der Debatte wird oft vergessen, wie es vor den sozialen Medien war. Früher gab es auch Stars, aber wir hatten in unserer Jugend keine Möglichkeit, hinter die Fassade zu schauen.

Wie viel Zeit verbringt ihr auf Instagram?
Lara: Sehr, sehr viel. Tagsüber weniger, weil ich viele Termine habe. Aber abends: immer. Ehrlich gesagt will ich gar nicht wissen, wie viel Zeit ich auf Instagram und YouTube verbringe. Zum Glück kann ich ohne schlechtes Gewissen sagen, dass es Recherche im Sinne der Firma ist.

Chris: Auf Social Media relativ viel, privat, aber auch geschäftlich. Mir schreiben zum Beispiel besonders nach Vorträgen auch Menschen über Instagram, dass sie es spannend finden, was wir machen und was unsere Story ist, das freut einen natürlich.

Instagram-Stars sind heute oft reine Werbeplattformen. Reicht gutes Aussehen für die große Karriere?
Lara: Die meisten sehen nicht, dass die erfolgreichen Bloggerinnen sieben Tage die Woche arbeiten. Eine Influencer-Karriere ist nicht mal so easy gemacht. Die ganze Start-up-Welt scheint immer easy und lustig zu sein. Aber hinter jedem Erfolg steckt Durchhaltevermögen und harte Arbeit. Die meisten Kinder wachsen heutzutage sehr behütet auf. Dadurch kommt es oft zu einem frühen Aufgeben. Ich glaube, es ist wichtig, sich Ziele zu setzen und wirklich hart dafür zu arbeiten.

Chris: Aussehen verhält sich nicht proportional zum Erfolg der Influencer, auch wenn das auf den ersten Blick manchmal so scheint. Das Ziel ist ja nicht, dass sie einem Menschen folgen, weil sie einen schön finden. Sondern weil sie eine positive Beziehung zu einem selbst als Person aufbauen. Da geht es um Vertrauen. Und das hat eher mit Ausstrahlung und Ehrlichkeit zu tun als mit dem objektiven Aussehen.

Es gibt in fast jedem Interview eine Stelle, über die man sich als Journalistin später maßlos ärgert. In diesem Interview ist es ebenjene. Rückblickend hätte ich Chris gerne gefragt, warum die weiblichen deutschen Instagram-Stars dann fast alle derselben Optik – jung, schlank und schön – entsprechen und größtenteils perfekt bearbeitete Bilder in ihre Timeline posten, wenn doch nur die Ehrlichkeit zählt.

Ist es heute überhaupt noch möglich, Influencer zu werden? Wie soll man die Großen der Branche, wie Chiara Ferragni noch einholen?

Lara: Wenn du einzigartig bist, dann auf jeden Fall. Im Bereich Musik ist beispielsweise viel möglich. Du musst deine Nische finden und dich etwas trauen. Wenn du versuchst, die nächste Caro Daur zu sein, wird das nicht klappen. Aber es gibt definitiv noch Platz für neue Talente. Ich würde jetzt aber auch nicht jedem jungen Menschen raten, Influencer zu werden. Auch wenn YouTuber oft der Berufswunsch der jüngeren Generation ist.

Chris: Das stimmt. Die meisten großen Social-Media-Netzwerke wachsen jedes Jahr um Abermillionen von Usern. Das sind alles Menschen, die sich einen neuen Eindruck machen und die man begeistern kann. Und auch die aktuellen User suchen ständig nach neuer Inspiration. Das Potenzial ist also da, es geht aber auch um mehr als die reine Zahl der Follower.

Können sich die Influencer direkt bei euch bewerben?

Lara: Klar, wir freuen uns immer über Menschen mit Leidenschaft, die Social Media lieben und leben! Als Künstlermanagement sind wir aber ehrlich gesagt eher auf einige starke Social-Influencer fokussiert, als immer mehr Menschen betreuen zu wollen. Manche Agenturen machen das anders und setzen auf Masse. Uns ist aber die persönliche Beziehung sehr wichtig, damit sind wir erfolgreich.

Wie viele deutsche Influencer sind Einkommensmillionäre?

Chris: Ich habe zuletzt in einem Interview gesagt, es sind mehr als zehn, aber weniger als fünfzig. Sicher kann ich sagen: Die Zahl steigt.

Was würdet ihr eurem jüngeren Ich raten?

Lara: An mich selbst zu glauben. Ich habe mich mein Leben lang immer unterschätzt. Zum Beispiel Finanzbuchhaltung. Ich konnte immer gut mit Zahlen, aber das schien mir schwierig. Heute bin ich davon überzeugt, dass man es einfach machen sollte. Leider neigen vor allem wir Frauen dazu, uns selbst zu unterschätzen.

Chris: Ich bin zwischendurch einmal von der Uni geflogen, das könnte man sicher vermeiden. Ich glaube aber, ohne die ganzen

unreifen Entscheidungen und Fehler, die ich
gemacht habe, wäre ich heute nicht der, der
ich bin. Ich glaube, ich würde mich also zu-
rückhalten mit einem Rat und höchstens sagen: »Bleib dran, es geht weiter.«

Am Ende unserer Begegnung plaudern Lara und ich darüber,
wie es für sie war, als Paar zu gründen.

Lara: Für mich gibt es drei Kriterien, warum
es bei uns so gut funktioniert. Erstens: Wir
haben beide von null angefangen. Zweitens:
Wir haben die gleiche Vision und arbeiten
auf ein gemeinsames Ziel hin. Drittens: Unsere Bereiche im Unternehmen sind getrennt
voneinander. Klar arbeiten wir auch gemeinsam an Themen, aber am Ende entscheidet jeder für seinen Bereich, und das mit vollem
Vertrauen des anderen.

Das klingt besonnen. Wie ihre Gesprächsführung in unserer ganzen Unterhaltung. Im Allgemeinen imponiert mir
Laras Art, ihr souveränes, bescheidenes Auftreten und ihre
Intelligenz. Der Unterschied zwischen ihr und mancher der
Mädchen, welche Pulse managt, könnte nicht größer sein.
Vor allem, weil Lara wirklich an ihrem Gegenüber, in diesem Fall an mir interessiert ist. Sie blickt während unseres Interviews nicht auf ihr Handy, sondern schenkt mir
ihre volle Aufmerksamkeit. Lara wäre ein gutes Vorbild für
meine 21-jährige Schwester Pia. Schade eigentlich, dass
sie nicht besonders aktiv auf Instagram ist. Bislang hat sie

226 Bilder in ihre Timeline geladen. Das Profil von Chris umfasst nur 96 Beiträge. Zum Vergleich: Das Instagram-Profil von Caro Daur umfasst 4.025 Fotos. Vielleicht sind Lara und Chris einfach zu klug, sich selbst dem Instagram-Wahnsinn hinzugeben.

Der Influencer-Wahnsinn auf dem Oktoberfest

Neben dem richtigen Management ist es für die Bloggerinas essenziell, die richtigen Partys zu besuchen, von der Presse fotografiert zu werden, sich gegenseitig zu verlinken. Schlicht: Reichweite zu schaffen. Der jährliche Kalender umfasst dafür so einige Möglichkeiten: die Lambertz Monday Night, die Place-to-B-Veranstaltungen von Axel Springer, die ABOUT YOU Awards oder auch internationale Events wie die amfAR-Gala. Auch Shop-Eröffnungen sind ein beliebtes Happening der Influencer, wird ihr Erscheinen doch in vielen Fällen fürstlich entlohnt.

All diese Society Events genau zu beschreiben, würde ein, wenn nicht gar zwei weitere Bücher füllen. Deswegen entscheide ich mich für die Veranstaltung, die mir besonders in Erinnerung blieb: die Madlwiesn. An dieser Stelle möchte ich betonen, dass ich die Madlwiesn nur ein einziges Mal in dem Jahr 2018 besucht habe. Auf meine Einladung für das Jahr 2019 habe ich verzichtet. Es mag in den anderen Jahren also anders abgelaufen sein.

Oktober 2018

Wenn rosa Herzluftballons auf mintgrüne Champagnerkrüge treffen, ist es Zeit für die Madlwiesn. In Society-Kreisen heißt es nur: die Influencer-Wiesn. Die begehrte Einladung erreicht mich Anfang August. Per E-Mail. Ich darf für *Orange* über das Event berichten. An die geladenen Gäste, zum größten Teil Bloggerinnen, wird sie in schicken rosafarbenen Umschlägen per Post versandt. Die Logos luxuriöser Werbepartner, wie

Dior, Chopard, Daimler, unterstreichen die Exklusivität und die zu erwartenden Präsente.

Am Morgen der Madlwiesn fragen mich zwei junge Frauen vor dem Münchner Luxushotel Roomers, ob ich zu den Madlwiesn gehöre. Sie interessieren sich für die Stylinglounge. Besonders für die Fitnessbloggerin Pamela Reif. Die zwei Mädchen sind große Fans, verfolgen ihr Leben via Instagram seit Jahren. Namentlich genannt werden möchten sie hier nicht. Denn sie besitzen keine der begehrten Einladungen zur Madlwiesn, der Wiesnparty von Janina Hell und Felicitas Karrer. Die beiden PR-Managerinnen richten das Event dieses Jahr bereits zum dritten Mal aus. 120 prominente Frauen sind eingeladen. Die Schwestern sind nicht berühmt und haben auch nicht viele Follower auf Instagram. Ein kurzer Blick in die Stylinglounge wird ihnen trotzdem gestattet.

Zwischen Luftballons und Rosen thronen auf schwarzen Regiestühlen *Germany's-Next-Topmodel*-Gewinnerin Barbara Meier, Ex-Bachelorette Monica Meier-Ivancan und Jungschauspielerin Lisa-Marie Koroll. Letzterer folgen 421.000 Menschen auf Instagram. Ob hochgesteckt, geflochten oder gelockt: Es gibt kaum eine Frisur, welche die Top-Coiffeure nicht können. Den perfekten Wiesn-Look komplettieren Visagisten von Dior. Für die geladenen Damen kostet das Rundum-sorglos-Paket: nichts.

Unternehmen wie Friseurbedarf-Hersteller ghd und Luxus-Lieferant Dior Make-up sind Sponsoren des Wiesn-Wahnsinns. Auch die Dirndl werden von einem namhaften Modelabel verliehen. Die passende Handtasche gibt es von dem Münchner Lederwaren-Hersteller Aigner umsonst dazu. Die Erklärung: Allein der Wert eines einzelnen Instagram-Posts von Fitnessbloggerin Pamela Reif wird auf 25.000 Euro geschätzt. Auch die anderen anwesenden

Promidamen verfügen über eine hohe Reichweite in den sozialen Medien.

Nach dem Umstyling geht es für die Promimädels im Bus weiter ins Schützenfestzelt. Gläser gefüllt mit Champagner als Wegzehrung inklusive, wobei einige der Bloggerinas den Schampus lieber direkt aus der Flasche trinken. Sponsor ist der französische Champagnerhersteller Perrier-Jouët. Schräg gegenüber von mir sitzt eine Gruppe von semi-bekannten Mädchen zusammen. Sie tuscheln. Eine schreit: »Lasst uns mal eine Schlagzeile produzieren.« Das Ziel des Abends scheint klar zu sein.

Im Zelt angekommen hält eine dunkelhaarige Frau lachend eine mittelgroße Flasche Champagner hoch, stellt sich auf den Tisch und tanzt. Sie ist von Fotografen umringt. Es ist Viktoria Lauterbach, ehemaliges Playmate und Ehefrau von Schauspielstar Heiner Lauterbach. Ihr Einsatz lohnt sich: Ihr Foto wird in den nächsten Tagen in vielen Illustrierten erscheinen.

Auch die anderen Damen werden abgelichtet. Fotografen verstopfen den Weg zu den Bänken. Sie haben verschiedene Auftraggeber und doch dasselbe Ziel: die besten Fotos. Models wie Franziska Knuppe geben Interviews. »Ich bin ein großer Fan von Ladys-only-Veranstaltungen«, sagt Knuppe zu einer Journalistin. Ob das männliche Geschlecht sich hier wohlfühlen würde, ist fraglich.

Während der ersten beiden Stunden wird hauptsächlich fotografiert. »Viktoria, noch ein Bild von dir alleine. Könnt ihr noch mal zusammen posieren«, tönt es aus allen Richtungen. Und auch die Promis machen fleißig Selfies. Allein oder mit ihrer Sitznachbarin. Das jedoch lieber, wenn die Sitznachbarin auch selbst genügend Follower hat. Man möchte ja nicht ausgenutzt werden.

Ob Fitnessbloggerin Pamela Reif, Ex-*Germany's-Next-Topmodel*-Teilnehmerin Darya Strelnikova oder *Let's-Dance*-Moderatorin Victoria Swarovski: Sie alle lassen ihre Follower per Instagram an dem Event teilhaben, posieren mit Lebkuchenherz, Bierkrug oder Champagnerflasche. Fünf Stunden dauert das Spektakel im Schützenfestzelt. Danach geht es im Bus weiter in die Nobeldiskothek P1. Kellner servieren Wein und Prosecco. Prominente Gesichter sitzen eingewickelt in roten Decken auf der Sitzgarnitur im Außenbereich der Diskothek. Es ist kalt geworden in München. Fotos werden keine mehr gemacht.

Die Reichweite für heute: ausgeschöpft. Die Veranstalterinnen wirken gelöst. Ihre letzte Handlung: Geschenktüten an die Frauen verteilen. Und die können sich sehen lassen: Make-up von Dior, Armbänder und Taschen von Aigner, Puder von La Biosthétique und Champagner. Der Wert der Geschenke liegt bei 600 Euro, so Hell und Karrer. Während die meisten Mädchen des normalen Lebens über diese Tüte hellauf begeistert wären, nehmen die Influencerinnen sie lässig entgegen. Die Luxus-Präsente sind für sie längst Alltag.

Notiz an mich selbst:

- Die Madlwiesn auf gar keinen Fall noch mal besuchen.
- Den anwesenden Influencerinnen der Madlwiesn entfolgen.
- Im Allgemeinen, wenn möglich, keine Instagram-Events mehr besuchen.

Die Kaderschmiede der Influencer

Mai 2019

Während Leonies digitales Märchen mit ihrem Blog *Ohh-couture* startete, gibt es viele weitere Sprungbretter in den Instagram-Kosmos. Zum Beispiel die TV-Show *Germany's Next Topmodel*. Um die Kaderschmiede der Influencer einmal live zu erleben, akkreditiere ich mich für *Orange* für das diesjährige Finale. In Düsseldorf. Einige Tage später geht es auch schon los. Gespannt nehme ich in einer der vorderen für die Presse reservierten Reihen Platz und freue mich über den lustigen selbstironischen Auftakt von Heidi. Sie boxt sich mit Comedian Martina Hill um die Moderation und nimmt sich dabei selbst herrlich auf die Schippe. Es ist wirklich lustig. Auch die Einlage des Cirque du Soleil ist ganz großes Kino. Ich bin schlicht begeistert und denke mir: Wusste ich es doch, die Medien mögen Heidi einfach nicht.

Meine Meinung ändert sich wenige Sekunden später, als die drei Finalistinnen in großen Tüllroben die Bühne betreten. »Gott ist eine Frau«, steht auf dem monströsen Kleid von Topmodel-Anwärterin Cäcilia, »One Love« auf dem der Kandidatin Simone. Nach dem Auftritt halten die Mädchen jeweils eine flammende Rede für Female Empowerment und wie es für sie ist, eine Frau zu sein. Natürlich nicht, ohne Heidi zu erwähnen und ihr ausgiebig zu danken. Es wirkt so aufgesetzt, dass ich am liebsten in meinen Stuhl versinken würde. Warum, liebe Heidi, müssen deine Mädchen ausgerechnet über Female Empowerment sprechen? Das passt nicht in die von dir inszenierte Show, in der die Mädchen sich vor der Kamera ins Gesicht schlagen, gegenseitig über sich lästern und hinterher, laut zahlreichen Medienberichten, dazu gezwungen werden, Knebelverträge mit deinem Vater, Günther Klum, abzuschließen. **Deine Show ist alles, aber kein Female Empowerment.**

Würde ich zu Hause vor dem Fernseher sitzen, wäre jetzt der Punkt, an dem ich ausschalten würde. Meine Schwester schreibt mir in diesem Moment – via Instagram –, wie schlimm sie das Finale findet. Auch wenn Pia optisch das Zeug dazu hätte, die Sendung zu gewinnen, würde sie niemals auch nur in Erwägung ziehen, an so einer sexistischen Fleischbeschauung teilzunehmen. Ich selbst kann die Sendung nicht wie Pia ausschalten. Ich bin live dabei. Mir bleibt nichts anderes übrig, als mir flink ein Glas Wein zu besorgen. Eine weise Entscheidung. Denn es wird immer schlimmer.

Während Heidi über eine Hochzeit spricht, laufen die Models in Brautkleidern über die Bühne. Heidi verkündet nun nicht ihre eigene Hochzeit mit dem 16 Jahre jüngeren Tokio-Hotel-Mitglied Tom Kaulitz, worauf alle anwesenden Pressevertreter warten, sondern die bereits ausgeschiedene 26-jährige Kandidatin Theresia macht ihrem 54-jährigen Freund Thomas einen Heiratsantrag. Vor laufender Kamera. Danach wird direkt geheiratet. So viel zum Thema Female Empowerment. Anstatt dass sich die Show um die eigentlichen Finalistinnen dreht, wird eine ehemalige Teilnehmerin für die Quote verheiratet.

Und während Model-Mama Heidi stolz die Rede auf ihr entsorgtes Küken hält, übergibt Entertainer Thomas Gottschalk die Ringe. Konfettikanonen werden abgeschossen. Bei der Übergabe sieht Gottschalk alles andere als glücklich aus. Es scheint mir vielmehr, als sei ihm dieser ganze Humbug peinlich. Und es kommt, wie es kommen muss. Der Ring passt dem bemitleidenswerten Gatten nicht. Nachwuchsmodel Theresia stört das wenig. Sie genießt die ungeteilte

Aufmerksamkeit, hilft mit Spucke nach und leckt am Ring rum.

Später sollen ihr Tausende von Menschen auf Instagram folgen. Ihre Showeinlage zahlt sich aus. Und das, obwohl sich das Netz und die Medien binnen Minuten einig sind: Das war das Peinlichste, was ProSieben je ausgestrahlt hat. Der Rest des Abends ist unspektakulär. Nackte Männer heben die Finalistinnen hoch, das Cover wird enthüllt, noch mehr Konfettikanonen werden abgeschossen, Tränen fließen. Das Übliche eben.

Ich eile zur Pressekonferenz. Ja, es gibt wirklich eine. Fast wie nach einer Bundestagswahl. Gewinnerin Simone betritt den Raum, und die Journalisten applaudieren ihr. Abseits des Showbusiness wäre das ein Tabu. Die Presse berichtet, aber sie klatscht nicht – das lernen schon die Volontäre bei jeder seriösen Tageszeitung. Wir wurden zur Kritik erzogen. Dazu, alles zu hinterfragen und rein gar nichts für gegeben hinzunehmen. Ich klatsche nicht. Simone beginnt, über ihre Gesundheit und die Mobbingattacken der anderen Mädchen zu plaudern. Irgendwann falle ich den lobhudligen Fragen der anderen anwesenden Journalisten ins Wort und will es genau wissen: Warum tut man sich diese Sendung freiwillig an? Sie kann diesen Abend doch wohl nicht ernsthaft gut gefunden haben?

Warum hast du dir *Germany's Next Topmodel* angetan? Ist es die Sucht nach dem Rampenlicht?
Simone: Es ist mein Lebenstraum gewesen.

Inwiefern dein Traum? Was ist an der Sendung *Germany's Next Topmodel* traumhaft?
Simone: Früher wollte ich zu Olympia und habe immer hart trainiert. Leider hat mir

meine Gesundheit damals einen Strich durch die Rechnung gemacht, und mein zweiter Traum war es dann, Topmodel zu werden. Damals habe ich mit meiner ganzen Familie alle Staffeln durchgeschaut. Außer die letzten zwei Jahre, weil ich im Ausland war und studiert habe. Aber man träumt davon und arbeitet hart dafür. Ich hätte niemals gedacht, dass ich heute hier stehe.

Gibt es auch eine Kritik, die du an der Show hast? Die Live-Hochzeit war ja schon sehr speziell.
Simone: Nein, Quatsch.

Keine einzige Szene kam dir heute Abend komisch vor?
Simone: Nee, ich möchte dazu auch nur sagen: Ich habe mir als Spruch »One Love« ausgesucht. Jeder soll sich mal ans Herz fassen und selber daran denken, seine Sachen zu machen. Man soll sich für andere freuen. Da, wo die Liebe hinfällt, sage ich da nur. Egal ob es am Alter scheitert oder an der Hautfarbe. Das sollte vollkommen egal sein. Jeder soll sich, sage ich mal, um seinen eigenen Kram kümmern. Das habe ich ja auch in meiner Rede gesagt: Man hat nur ein Leben. Wieso soll man sich bei anderen einmischen?

Man hätte die Hochzeit ja nicht derart inszenieren müssen.
Simone: Nee, Quatsch. Ich finde es toll, dass die das gemacht haben. Ich freue mich sehr für sie. Das ist ein supertolles Paar. Und eine schönere Hochzeit könnte ich mir nicht vorstellen. Das hätte ich selber gerne. Vor Heidi.

Simone ist mit ihrer Meinung nicht alleine. Ich erinnere mich an ein Gespräch wenige Stunden zuvor. Am Bratwurststand. Mutter und Tochter stehen hinter mir und unterhalten sich über den Abend. 75 Euro pro Karte haben sie bezahlt, insgesamt 150 Euro, und sind glücklich. Ich spreche sie darauf an, und die Mutter legt sofort los: »Ich will Ihnen mal was sagen. Was die Heidi einem hier heute Abend bietet, ist einfach nur toll. Was soll man an dieser Show schlimm finden? Es ist eine Auszeit, in der einfach alles schön ist. Und überhaupt bin ich ein Fan von Heidi. Sie kann ihre Kinder alleine ernähren und ist von keinem Mann abhängig.«

Hm, da hat sie schon ein bisschen recht. Heidi ist eine echte Powerfrau, die ich selbst seit jeher bewundert habe. Sie ist die ungeschlagene deutsche Königin der Selbstvermarktung. Doch die Mutter vergisst, dass *Germany's Next Topmodel* schon lange keine simple Show mehr ist. Waren die Teilnehmerinnen während meiner Jugend schnell wieder vergessen, gilt das Format heute als DAS Karrieresprungbrett. Dank Instagram.

Sammeln die Mädchen doch bereits während der Show Hunderttausende Follower, pushen ihre Influencer-Karriere im Nachgang mit freizügigen Bildern oder intimen Gesprächen über ihre letzte Beinrasur, wie beispielsweise die

Ex-Kandidatin Elena Carrière. **Fazit: Die jungen Models beeinflussen auch nach der Sendung maßgeblich die heranwachsende Generation von jungen Mädchen. Leider. Das war früher nicht so.**

An den RTL-Reality-Formaten *Der Bachelor*, *Die Bachelorette* oder *Big Brother* teilzunehmen, ist übrigens auch empfehlenswert, falls man eine Instagram-Karriere anstrebt, auch hier generiert das Mitmachen Hunderttausende von Instagram-Followern. Neben der Möglichkeit, an einem Reality-Format teilzunehmen, gibt es noch eine weitere sichere Alternative: Spielerfrau werden. Denn die Beziehung mit einem bekannten Fußballer bringt dir definitiv schon mal eines: Tausende Instagram-Follower. Wenn du dann noch viel postest, deine hochpreisigen Handtaschen in die Kamera hältst, dich medial klug und vor allem viel in Szene setzt, wie wir es bereits bei Cathy Hummels gesehen haben, kannst du ganz schön erfolgreich werden. Ein weiteres Beispiel ist Spielerfrau Ina Aogo.

Die Spielerfrau

September 2019

Auch wenn ich nicht zum Aberglauben neigte, ab jetzt tue ich es. Freitag, der Dreizehnte, startet damit, dass mir der Zugang zum Flugzeug nach Berlin verweigert wird. Vom Bodenpersonal von easyJet. Die Begründung: Die von mir gestellte Frage, seit wann man in Deutschland seinen Ausweis vorzeigen müsse, sei rassistisch. Die Frau am Check-in muss mich falsch verstanden haben. Doch selbst als ich in Tränen ausbreche, rudert sie nicht zurück, sondern wirft mir vor, eine Rassistin zu sein. Im Beisein der anderen Passagiere.

Ihr Vorwurf trifft mich mehr als die Tatsache, den Flieger nicht besteigen zu dürfen, könnte meine Familie doch glatt den Preis für die liberalsten Bürger Deutschlands gewinnen. Meine Mutter kümmert sich um Mohammed, ein Flüchtlingskind aus Syrien, und ihr ehemaliger Pflegesohn ist gebürtiger Thailänder. Ich spreche aus Überzeugung kein Wort mit AfD-Wählern. Wer diese Partei wählt, hat meine Aufmerksamkeit nicht verdient. Doch unser familiäres Mindset hilft mir heute nicht weiter. Ich muss mir einen neuen Flug buchen. Die Kosten belaufen sich auf 130 Euro. Plus zweistündige Wartezeit am Flughafen.

Natürlich bleibt es nicht dabei. Der Lufthansa-Flieger ist verspätet. Eine weitere Stunde vergeht, und ich bange, ob ich es überhaupt noch rechtzeitig zu meinem Interview mit der zurzeit polarisierendsten Spielerfrau der Republik, Ina Aogo, schaffe. Endlich geht es los. Kaum gelandet stürze ich aus dem Flugzeug und sprinte zum Ausgang. Auf High Heels. Und es passiert, was passieren muss: Mein Absatz bricht. Was für ein Tag. Schlecht gelaunt hinke ich zum Taxi. Mein Ziel ist das luxuriöse Hotel Waldorf Astoria. Ina selbst hat diesen Treffpunkt ausgewählt. Es war ihr Berliner Zuhause, bevor die Familie ins Eigenheim nach Grünewald zog.

Kurz vor knapp stolpere ich in die Lobby, öffne meinen Koffer, der natürlich klemmt, und angle nach meinen Ersatzschuhen, als auch schon ein fröhliches »Hallo, ich bin Ina« ertönt. Ich starre sie nur an, während ich in der einen Hand meinen abgebrochenen High-Heels-Absatz und in der anderen den klemmenden Koffer halte. »Hi Ina, ich muss gerade meine Schuhe wechseln. Mein Absatz ist schrott«, erkläre ich ihr die Lage. Wie peinlich. Am liebsten würde ich mich inklusive Schuh unter dem Sofa verkriechen.

»Macht doch nichts«, erklärt sie fröhlich und nimmt lächelnd Platz. Es scheint ihr wirklich egal zu sein, dass die Frau, die sie gleich interviewen wird, mit einem kaputten Schuh in der Hand auf dem Boden kniet. Zu allem Übel sind auch noch meine Haare zerzaust. Mit noch nassen Haaren bin ich mal wieder nach zu wenig Schlaf ins Taxi gestiegen und habe meine Haarbürste zu Hause vergessen. Wir warten auf den Fotografen, plaudern ein wenig. Ina sieht schick aus in ihrer weißen Bluse und der schwarzen Hose. Ihre Haare sind zum Pferdeschwanz gebunden, und sie ist viel kleiner als in meiner Vorstellung. Sie reicht mir kaum bis zur Schulter. Gut, ich trage Absatzschuhe, aber trotzdem.

Fotograf und Assistenz sind da, wir nehmen den Lift in die Ambassador-Suite. Ina filmt den Ausblick für ihre Follower ab und erzählt in ihrer Story, dass sie heute von mir interviewt wird. Mir wird schnell klar: Die soziale Plattform ist immer dabei. Postet sie mal einen Tag nichts, sinkt die Reichweite. Sofort. Es folgt ein einstündiges Fotoshooting. Und Ina führt ihr komplettes Repertoire an Posen vor. Danach können wir endlich starten.

Ina, wie viel Zeit verbringst du täglich auf Instagram?
Ina: Zwei bis drei Stunden. Es ist für mich ja wie Arbeit, wie PC-Arbeit.

Was machst du in der Zeit?
Ina: Ich beantworte die Fragen meiner Follower. Das ist mir wichtig, auch wenn es die letzten Tage nach der Veröffentlichung der *BILD*-Dokumentation schwierig war. Mit dem ganzen Trubel. Und natürlich Fotos bearbeiten. Content produzieren.

Schaust du dir die Storys von anderen InfluencerInnen an?
Ina: Selten, weil die mich auch teilweise nerven. Es werden immer nur Geschenke in die Kamera gehalten. Ich habe wirklich viele auf stumm geschaltet. Und wenn man sich zu viel mit anderen beschäftigt, behindert das den eigenen Horizont.

Ich starre Ina ungläubig an, vergesse meine nächste Frage, bin sprachlos. Genau die Frau, die ich in den vergangenen Monaten via Instagram belächelte und in meiner Kolumne teilweise hart kritisierte, teilt meine Einschätzung der sozialen Medien: dass die Storys der Instagram-Stars unsere eigene Entwicklung behindern.

Du wirst auf Instagram stark kritisiert. Warum tust du dir das an?

Ina: Ich möchte den Menschen in Deutschland etwas mitgeben. Ich finde das so cool, dass ich mit meinem Instagram-Account die Menschen erreichen kann. Es ist wie mein eigenes Magazin.

Inwiefern erreichst du die Menschen?

Ina: Ich teile meine Erfahrungen. Alle denken ja immer: »Die hat so viel Geld, die kriegt sofort einen Kita-Platz«, aber das fällt auch mir schwer. Es tut gut, sich darüber aufregen zu können und vielleicht etwas zu verändern. Wer weiß, wohin das irgendwann mal führt. Ich habe eine Stimme, und das finde ich genial. Das ist der Grund, warum ich das alles überhaupt mache.

Was ist deine Message?

Ina: Ehrlichkeit, Natürlichkeit und die Sachen im Leben nicht immer so ernst zu nehmen.

Bearbeitest du deine Instagram-Bilder nicht?

Ina: Doch, aber ich habe gerade erst wieder damit angefangen. Einige Bilder weiter unten sind ungefiltert. Aber es sieht bearbeitet einfach schöner und vor allem fröhlicher aus.

Zeigst du dich ungeschminkt auf Instagram?
Ina: Ja, das kommt vor. Die Situation hatte ich gestern erst, da war ich krank und habe ein paar Fragen aus dem Bett heraus beantwortet. Aber das Licht muss trotzdem ein bisschen stimmen.

Wenn Journalisten auf Prominente treffen, gibt es Interviews, bei denen absolut nichts Zwischenmenschliches entsteht und man sich streng an den Fragenkatalog hält. Und manchmal entwickeln sich so gute persönliche Gespräche, dass man sich danach am liebsten zum Wein verabreden würde. So ergeht es mir heute. Während Ina über ihre eigene Antwort lacht, ertappe ich mich bei dem Gedanken, dass ein Partyabend mit ihr bestimmt witzig wäre. Irgendwie imponiert mir ihre Unbedarftheit und Lebensfreude. Ich muss gestehen: Sie ist mir extrem sympathisch.

Wer ist dein Vorbild?
Ina: Shirin David. Ich finde es krass, was sie geschafft hat. Sie hat vier Millionen Follower. Aber vor allem finde ich ihre Musik großartig, und sie hat auch eine große Schnauze, so wie ich. Und Beyoncé ist mein Vorbild, aber gut, das ist ein anderes Level.

Der Moment der Einigkeit ist verflogen, und ich bin fast ein wenig enttäuscht, dass Inas Vorbild ein Social-Media-Star ist. Mein Vorbild ist Audrey Hepburn. Nicht, weil sie berühmt oder schön war, sondern weil sie im Zweiten Weltkrieg für die Résistance tanzte und zur UNICEF-Sonderbotschafterin ernannt wurde. Aber gut, vielleicht wird Shirin David das ja auch noch. Und in einem Punkt stimme ich Ina zu: Beyoncé ist eine wahre Powerfrau.

Du zeigst dich auf Instagram gerne freizügig. Würdest du dich auch für den *Playboy* ausziehen?

Ina: Das Angebot hatte ich tatsächlich schon vor einiger Zeit und habe es abgelehnt. Für *GQ* hätte ich es vielleicht gemacht und wäre stolz drauf gewesen, aber ganz nackt, nee. Auf keinen Fall. Mein Kind geht in den Kindergarten. Das muss echt nicht sein. Auch wenn ich nichts dagegen habe, wenn es andere Frauen tun. Jeder soll das machen, womit er sich wohlfühlt.

Gibt es auch TV-Formate, bei denen du niemals mitmachen würdest?

Ina: JA! Ihr werdet mich niemals im *Sommerhaus der Stars*, oder im *Dschungelcamp* sehen. Ich hätte ein Problem damit, mir mit elf oder zwölf anderen »Prominenten« eine Toilette zu teilen.

Du präsentierst dich auf Instagram immer top gestylt. Wie viel Geld investierst du in dein Aussehen?

Ina: Das ist jeden Monat anders. Da ich eine gewisse Reichweite habe, bekomme ich vieles geschenkt. Auch wenn ich wirklich ein Fan des Selbstzahlens bin. Da weiß ich einfach, dass die Leute sich richtig Mühe geben.

Dröseln wir es etwas auf: Wie viel kostet dich dein Friseurbesuch?
Ina: Mal kostet es mich etwas, mal zahle ich gar nichts. Zum Beispiel wenn ich eine Story mache. Aber das Vollprogramm inklusive Extensions kostet mich schon circa achthundert Euro.

In der *BILD*-Dokumentation hast du sehr offen über deine Brust-OP gesprochen. Was hast du noch mal machen lassen?
Ina: Ich hatte mal ein Lipödem am Bein. Das habe ich entfernen lassen. Und dann ja so mit dreißig muss man halt mal ran. Also muss man nicht, aber ich bin der Meinung, ein bisschen Botox schadet nicht. Ich lasse das alle vier bis fünf Monate auffrischen. Meine Zornesfalte auf der Stirn war vorher wirklich schon sehr ausgeprägt. Vor allem im Licht.

Ina hat es schon wieder geschafft, mich zu überraschen. Ich bin beeindruckt, wie offen sie zu ihren Botox-Injektionen steht. Viele Frauen, die ich in der Vergangenheit interviewte, teils Jahrzehnte älter als Ina, saßen mit faltenfreiem Gesicht vor mir und betonten, dass sie natürlich nichts an sich hätten machen lassen. Ihr jugendliches Aussehen käme allein vom Wassertrinken, dem Verzicht auf Alkohol, den guten Genen und viel Schlaf. Mindestens neun Stunden. Pro Nacht. Wer's glaubt.

Wie lange brauchst du, um dich fertig zu machen?

Ina: Also mit einem Kind wird das auf jeden Fall weniger, aber ich brauche schon so eine Stunde. Zum Duschen, zum Föhnen, zum Stylen. Dann fühle ich mich auch wohl.

Was war das schönste materielle Geschenk in deinem Leben?

Ina: Dennis hat mir zu meinem dreißigsten Geburtstag die Birkin Bag von Hermès geschenkt. Da war ich natürlich baff. Nicht, weil es die Hermès war, sondern weil er wusste, dass er sie mir irgendwann schenken will und sich schon zwei Jahre vorher dafür angemeldet hat. Man muss die Tasche vorbestellen. Das war für mich so krass. Der macht sich wirklich Gedanken. Es ging mir weniger um die Tasche und mehr um die Geste.

Ärgern dich die Vorurteile gegenüber Spielerfrauen?

Ina: Nee, mittlerweile habe ich mich damit abgefunden, deswegen gehe ich auch so offensiv damit um. Wenn die Leute dich in eine Schublade packen wollen, machen sie das, ob du willst oder nicht.

Warum ist das Spielerfrauen-Dasein in Deutschland so verpönt?

Ina: Ich weiß nicht, woran das liegt. In einigen Ländern ist das anders. Da werden manche der Spielerfrauen gefeiert. In Deutschland gilt hingegen, die Spielerfrau kann nichts, macht nichts und ist nur schön anzusehen. Ich finde das so gemein, weil alle Menschen da draußen, egal in welcher Branche sie arbeiten, menschliche Wesen sind und irgendetwas können.

Aber du propagierst doch selbst auf deinem Instagram-Profil den »Aussehen ist alles«-Lifestyle?
Ina: Wenn man sich meine Timeline anschaut: klar. Aber wenn man sich meine Storys anschaut, merkt man, dass ich ein ganz normales Mädchen bin. Ich bin zwar schon dreißig, aber sage immer noch, dass ich ein Mädchen bin. Dennis und ich führen ein ganz normales Leben, wie jede Familie da draußen.

Noch eine Gemeinsamkeit: Auch ich bezeichne meine Freundinnen und mich am liebsten als Mädchen. Und fühle mich auch mit 27 Jahren noch nicht als Frau.

Wie bekommst du Kind und Karriere unter einen Hut?
Ina: Ich war noch nie eine karriereorientierte Person. Das kam immer alles von alleine. Auch die *BILD*-Dokumentation habe ich nicht forciert. So bin ich schon immer durchs Leben gegangen. Auch früher, während meiner Ausbildung. Das hat sich alles so zusammengefügt.

Wolltest du wirklich nie Karriere machen?

Ina: Nee, ich war immer eine Familienperson. Deswegen steht bei mir auch meine Tochter an erster Stelle. Alles, was dazu kommt, nehme ich gerne mit, aber brauche es auch nicht, um glücklich zu sein. Und meinen Mann dürfen wir nicht vergessen, der ist natürlich auch Prio Nummer eins.

Apropos Mann: Wie hast du Dennis kennengelernt?

Ina: Ich habe damals immer freitags und samstags als Visagistin bei Udo Walz gearbeitet, und eines Tages saß Dennis da in einer Passage. Dort habe ich ihn das erste Mal gesehen. Und ich dachte: WOW, was für ein Mann, sieht der gut aus, ist der gut angezogen. Und dann hat mir meine Kollegin erzählt, wer er ist. Damals spielte er für Schalke, und ich musste Gelsenkirchen erst mal googeln, wusste nicht, wo das liegt. Dann habe ich ihn einfach mit einem frechen Spruch angeschrieben, und er hat mir innerhalb von wenigen Minuten geantwortet.

Was hättest du gemacht, wenn du dich in einen weniger wohlhabenden Mann verliebt hättest? Wärst du in Vollzeit arbeiten gegangen?

Ina: Ich weiß echt nicht, was dann passiert wäre. Ich war vorher immer alleine. Ich hatte nie Glück mit Männern. Ich bin teilweise wirklich durch die Hölle gegangen. Aber ich war schon immer ein Freund davon, dass eine

Mutter für ihre Familie da ist. Meine Mama war auch zu Hause. Und auch Dennis ist das wichtig. Wenn wir keine Kinder gehabt hätten, wäre es etwas anderes gewesen. Obwohl sich dann wieder die Frage stellt: Wenn ein Fußballer so viel Geld verdient, inwiefern lohnt es sich für die Frau überhaupt, arbeiten zu gehen? Im Grunde genommen wird das erwartet, aber wenn die Frau dann an der Kasse sitzen würde, würden alle sagen: »Was ist denn mit dem los, warum lässt der seine Frau arbeiten?« Egal wie man es macht, man macht es falsch.

Was war bislang die größte Herausforderung in deinem Leben?
Ina: Die Schwangerschaft war eine Herausforderung. Ich glaube, das kann jede Frau bestätigen. Nicht nur körperlich, sondern auch seelisch. Man lernt zum ersten Mal so richtig, was Verantwortung und was Sorge bedeutet.

Du musst als Spielerfrau nicht in der Öffentlichkeit stehen. Du tust es trotzdem. Sehnst du dich nach Prominenz und Rampenlicht?
Ina: Nein, ich hätte niemals gedacht, dass die *BILD*-Dokumentation solche Wellen schlägt. Mein Mann ist ja nicht einer der größten Spieler in Deutschland. Da gibt es noch ganz andere. Und wir haben wirklich wochenlang überlegt, ob wir diese Doku machen

> und in die Höhle des Löwen reinkriechen sol-
> len. Aber dann haben wir gedacht: Wer weiß,
> was das bringt, Dennis spielt ja vielleicht
> auch nicht mehr so lange Fußball.

Die meisten Interviewpartnerinnen würden vermutlich spätestens an dieser Stelle aussteigen und sich zurückziehen,
doch Ina geht in die Vollen. Ihre Offenheit ist eine Wohltat für
jede Journalistin.

> **Na ja, es zieht dich ja schon in die Öffent-
> lichkeit. Sonst würdest du doch nicht seit
> drei Jahren bei der Lambertz-Show über den
> Catwalk laufen.**
> **Ina:** Das war das einzige Promi-Event, bei
> dem du mich gesehen hast. Hat mich ja auch
> niemand sonst eingeladen, davon mal abgese-
> hen. Obwohl doch, ich war noch bei den ABOUT
> YOU Awards, aber auch nur, weil mein Mann
> den Gründer ganz gut kennt. Der Rest ist
> erst in den letzten paar Wochen entstanden.
>
> **Hast du als Kind das Rampenlicht gesucht?**
> **Ina:** Nein, ich war eher die Außenseiterin.
> Ich war viel alleine. Und damals gab es doch
> noch gar nicht die Möglichkeit, über Nacht
> berühmt zu werden. Heute ist das durch For-
> mate wie den *Bachelor* und Instagram einfach.
> Man kann aus dem Nichts berühmt werden, aber
> als Kind war das Rampenlicht für mich so
> weit weg. Ich hatte eher Schwierigkeiten,
> mich zu entscheiden, wusste nicht, was ich

wollte. Ich wusste nur: Ich will keine Mit-läuferin sein. Wenn die anderen geraucht ha-ben, habe ich nicht geraucht. Ich habe auch noch nie an einer Zigarette gezogen. Wenn die anderen getrunken haben, habe ich nicht getrunken. Deswegen war ich auch nie eine, die in der Gruppe so hochgelobt wurde. Es haben vielleicht alle geguckt, so von wegen: »Die sieht anders aus.« Aber das war eher Lästerei als alles andere.

Wie gehst du mit Kritik um?
Ina: Dass die Leute über einen reden, ist ja erst mal gut, aber es trifft mich schon. Du bekommst zwanzig tolle Instagram-Nachrichten und eine schlechte. Abends im Bett fragst du dich dann: »Warum habe ich diese Person nicht von mir überzeugen können? Was habe ich falsch gemacht?« Das ist menschlich. So ein dickes Fell, jede Kritik zu ignorieren, hat doch niemand. Da musst du schon auf Dro-gen sein. Und nach der *BILD*-Dokumentation wurde es schon extrem.

Haben du und Dennis ein gemeinsames Konto?
Ina: Ja, aber ich habe auch ein eigenes. Wenn du Weihnachtsgeschenke kaufst, willst du ja nicht, dass der Mann sieht, was du ihm gekauft hast, da geht es schon los. Und du willst ja auch das Geld, was du selbst verdient hast, dafür nehmen. Das ist doch irgendwie blöd, wenn du deinem Partner ein

Geschenk kaufst, und du hast es selbst gar nicht bezahlt.

Wie würdest du die Weihnachtsgeschenke bezahlen, wenn es den Beruf InfluencerIn nicht geben würde?
Ina: Das weiß ich ehrlich gesagt nicht. Wahrscheinlich nicht so wirklich. Ich empfinde es heute als wichtig, Dennis' Geschenke mit meinem eigenen Geld zu bezahlen. Aber es muss sich auch keine Frau schämen, die ausschließlich von dem Einkommen ihres Mannes lebt. Und da draußen gibt es nicht nur Spielerfrauen, da gibt es noch ganz andere Frauen, die von ihrem Mann leben.

Also eigentlich bist du gerne Spielerfrau?
Ina: Ja! Aber es gibt auch Nachteile. Dennis ist jetzt in Hannover, Payten und ich sind in Berlin. Ich vermisse ihn wirklich jeden Tag. Wir sind jetzt zwei Wochen getrennt gewesen, ich war krank und musste alles alleine wuppen.

Hast du Unterstützung?
Ina: Ja, wir haben ein Au-pair-Mädchen, aber sie hat keinen Führerschein. Da geht es dann schon los. Was willst du machen? Und ich habe dann auch irgendwie immer ein schlechtes Gewissen. Ich will ja selbst für meine Tochter da sein. Na ja, anderes Thema.

Sollte ich jemals daran gezweifelt haben, wird mir in diesem Moment klar: Ina Aogo ist ein echtes Muttertier und liebt ihre zweijährige Tochter abgöttisch. Auf Fragen, die Payten betreffen, reagiert sie sehr bedacht, emotional. Und nachdenklicher, als ich vor unserem Interview vermutet habe. Für mich gibt es keinen Zweifel: Ihre Tochter steht für sie an erster Stelle, und Payten könnte keine bessere Mutter haben.

Ist Spielerfrau ein Beruf?
Ina: Alles, womit man Geld verdient, ist für mich ein Beruf. Ich verdiene mein Geld damit und zahle Steuern wie jeder andere auch. Warum sollte das kein Beruf sein?

Gibt es eine Spielerfrau, die du bewunderst?
Ina: Shakira finde ich cool.

Ach, die ist auch Spielerfrau? Ich finde Victoria Beckham cool.
Ina: Ja, aber ich bin ja nicht so modeaffin. Izabel Goulart ist krass. Aber ich würde mich nicht mit denen messen. Ich bin schon anders. Aber das ist ja das Schöne an uns Spielerfrauen: Es gibt so viele.

An dieser Stelle muss ich noch einmal auf ihre Tochter zurückkommen. Irgendwie passt für mich ihre Mutterliebe nicht zu dem offensiven Posten ihrer Tochter auf Instagram. Die Kleine hat sogar schon ihr eigenes Instagram-Profil. 9.461 Menschen folgen dem kleinen Mädchen auf dem sozialen Netzwerk. Immerhin ist das Profil privat und umfasst »nur« 96 Beiträge.

Du zeigst deine Tochter sehr offensiv auf Instagram. Hast du keine Angst, dass sie entführt wird?

Ina: Nee. Ich frage mich sowieso: Warum mischen sich bei dem Thema alle ein. Ich kriege auch viele Nachrichten von Menschen, die mir schreiben, dass sie nicht gut finden, wie ich Payten beim Aufwachen filme. Aber ich möchte genau das zeigen: Kinder sind der Sinn unseres Lebens. Dafür sind wir auf der Welt.

Payten ist zwei Jahre alt. Glaubst du, dass sie damit einverstanden ist?

Ina: Ich verstehe die Frage nicht. Meine Tochter ist mein Blut, unser Blut. Es ist meine und Dennis' Entscheidung, ob wir sie zeigen. Und manchmal sagt sie sogar: »Mama, Foto.« Für sie ist das normal.

Glaubst du, dass dieser Trend gut ist? Zerstört die ständige Dokumentation nicht oft auch den Augenblick?

Ina: Ich weiß, was du meinst, und gebe dir hundertprozentig recht. Manchmal wenn ich mit meiner Tochter unterwegs bin, denke ich mir: Jetzt lass das Handy doch einfach mal weg. Denn dieses Fühlen ist tausendmal mehr wert, als den Moment auf Band zu haben. Man sollte öfter sagen: Handy aus.

Instagram vermittelt vielen jungen Mädchen ein falsches Bild: Alle sind superdünn, superreich, superschön, superglücklich. Du hast selbst eine kleine Tochter und bist Teil des Instagram-Wahnsinns.

Ina: Es macht bestimmt viele depressiv. Das möchte ich nicht bestreiten. Vor allem wenn Mädchen zu Hause nicht so ein gefestigtes Elternhaus haben. Ich bin mir aber sicher, dass ich meine Tochter sehr gut aufs Leben vorbereite und sie damit kein Problem haben wird. Genau dasselbe gilt für Zigaretten und Alkohol. Sie wird später ganz bestimmt selbstbewusst genug sein, Nein zu sagen.

Fühlst du dich selbst manchmal von Instagram unter Druck gesetzt?

Ina: Ja, von der Plattform fühle ich mich unter Druck gesetzt. Ich muss dauernd posten, um nicht an Reichweite zu verlieren. Vor zwei Jahren war das noch entspannter. Heute kaufen sich viele InfluencerInnen Likes, um mithalten zu können. Ich mache das nicht, und mich interessiert es auch langsam nicht mehr, wie viele Menschen meine Fotos liken.

Überprüfst du nie deine Likes?

Ina: Doch klar. Das ist auch wichtig für meine Kunden. Wenn du Kunden hast, musst du alles offenlegen. Die wollen vor der Zusammenarbeit deine ganzen Insights begutachten.

Und es ist wirklich faszinierend, wenn ich sehe, wie viele sich meine Bilder anschauen und wie wenige sie nur liken. Da frage ich mich manchmal schon: Warum ist das denn bei mir so? Warum drücken meine Follower nicht einfach auf das kleine Herz? Die Likes sind für mich ja wie eine kleine Bezahlung für den Inhalt, den ich ihnen täglich biete.

Wie viel verdienst du mit deinem Instagram-Account?
Ina: Auf jeden Fall so viel, dass ich alleine davon leben könnte.

Verdienst du mehr oder weniger als fünfzigtausend Euro Jahresgehalt?
Ina: Das kann ich jetzt noch nicht pauschal beantworten. Ich bin ja gerade erst über die Einhunderttausend-Follower-Schwelle gekommen. Und ich merke, wie es langsam mehr wird.

Okay. Verdienst du mit deinen Social-Media-Aktivitäten denn mehr als zwanzigtausend Euro?
Ina: Ja. Ganz bestimmt.

Gab es schon mal einen Moment, in dem du Instagram hinterfragt hast?
Ina: Ja, erst kürzlich, nach der *BILD*-Dokumentation, weil ich gesehen habe, was für kranke Sachen mir Menschen schreiben. Der Großteil sind Männer. Das war mir auch neu. Es ist wirklich schockierend, wie manche

Männer gegen unbekannte Menschen schießen und dann noch gegen eine Frau, das schwächere Geschlecht.

Wenn du gar kein Geld mit Instagram verdienen würdest, würdest du die App löschen?
Ina: Ja. Eindeutig. Auch so werde ich es irgendwann löschen. Das haben ja schon mehrere Influencer gemacht, und ich könnte mir das auch bei mir selbst sehr gut vorstellen.

Nach unserem Gespräch verabschiedet sich Ina hastig bei mir und dem Fotografen. Ihr sei übel. Während ich im ICE nach Hamburg sitze, ereilt mich ihre Nachricht: »Hab mich gerade übergeben. Zum Glück haben wir es noch geschafft.« Ein Hoch auf Inas entwaffnende Ehrlichkeit. Die sie übrigens auch während dem Prozess der Autorisierung ihres Interviews beibehält. Denn in Deutschland müssen die Interviews, anders als im angelsächsischen Journalismus, von der interviewten Person freigegeben werden. Oftmals sehr zu meinem Leidwesen.

Bei Ina ist das anders: Sie gibt mir unser komplettes Gespräch innerhalb weniger Stunden für mein Buch frei. Sie akzeptiert alles und bittet mich nicht darum, auch nur eine einzige Frage zu streichen oder eine ihrer Antworten zu verändern. Vielmehr interessiert sie sich nach ihrer Autorisierung, via Sprachnotiz, für mein Buchprojekt. Warum mir das imponiert? Normalerweise enden Interviews mit leidigen Diskussionen und zurückgezogenen Antworten.

Manchmal erfolgt in der deutschen Presselandschaft bei Interviews gar überhaupt keine Einigung, weswegen das *Manager Magazin* sich im Juli 2017 mit dem folgenden Statement dazu entschied, im Fall von Influencerin Caroline

Daur alle an sie gestellten Fragen ausnahmslos zu veröffentlichen. Auch die von ihr nicht freigegebenen: »Caro Daur ist mit 1,1 Millionen Followern derzeit einer der größten deutschen Instagram-Stars. Die 22-Jährige aus Seevetal arbeitet für Marken, wie Dior, Cartier, Tommy Hilfiger, Marc O'Polo, Wempe, macht Werbung für Calzedonia und lief etwa auf der Modenschau von Dolce&Gabbana im Januar als Mannequin. Ihr Umsatz: geschätzt eine Million Euro pro Jahr. (...) Doch so sehr Publicity und zur Schau gestellte Offenheit auch Daurs Geschäftsmodell tragen: Fragen zu Honoraren, gesponserten Inhalten und ihren möglichen Problemen mit Kennzeichnungspflicht für Werbung wollte sie nicht beantworten. Nachfolgend das von Daur autorisierte Interview, im Anschluss dann dokumentieren wir die Fragen, die Daur nicht beantworten wollte.«[45]

Die Fragen, die Caroline Daur, trotz ihres offenherzigen und privat wirkenden Instagram-Profils, der leitenden Redakteurin des *Manager Magazins* nicht beantworten wollte:

- Arbeitest du auch unentgeltlich?
- Das Selbstbild des Mädchens von nebenan wäre glaubwürdiger, wenn du deine Kleidung, die du selbst gekauft hast, markieren würdest in deinen Posts – und nicht nur die gesponserte.
- Wie viele deiner Posts sind bezahlt?
- Mit der Kosmetikfirma M A C hast du einen Dauervertrag, wie viele Posts musst du im Gegenzug zum Lippenstift liefern?
- Was bekommst du für einen Post?
- Was hast du für deinen ersten bezahlten Post als Honorar erhalten?
- Wie sparst du?

- Du sollst auf eine Million Euro Umsatz im Jahr kommen. Stimmt das?
- Compliance ist in deinem Job ein großes Thema. Stimmt es, dass du gerade von der Steuerbehörde geprüft wirst deshalb?
- Influencer unterliegen der Kennzeichnungspflicht ebenso wie Blogger. Hältst du dich daran?
- Was passiert jetzt mit der Abmahnung des Verbands des sozialen Wettbewerbs, die du erhalten hast, weil du ein Produkt getaggt, aber das nicht als Werbung deklariert hattest?
- Die Firmen, von denen du bezahlt wirst, markierst du aber schon, oder?

Danke an dieser Stelle an Ina, dass sie mir im Gegensatz zu dem Verhalten vieler anderer Influencer gegenüber Journalisten alle meine Fragen beantwortet hat. Sie ließ in unserem Gespräch keine einzige Antwort aus: ob zu ihrem finanziellen Einkommen, ihrem Instagram-Verhalten, ihrer Tochter oder den finanziellen Verhältnissen im Hause Aogo. Ohne Ausnahme. Das ist auch der Grund, warum ich mich entschieden habe, ihr so viele Seiten dieses Buches zu widmen und unser komplettes Gespräch zu veröffentlichen.

Profitieren Luxuslabels von Kooperationen mit Influencern?

Juni 2019

Caspar und ich sind auf Shoppingtour in New York. Zielgerichtet schlendern wir zu Bergdorf Goodman. Das Luxuskaufhaus, 1929 erbaut, ist für mich ein besonderer Ort. Versprach ich mir doch bereits als Teenager, irgendwann in meinem Leben dort von meinem selbst verdienten Geld einkaufen zu gehen. Heute ist es so weit. Ich möchte mir meinen Traum erfüllen. Mit 26, vier Jahre früher als geplant. Das Objekt meiner Begierde: die Strandtasche von Dior. Der Preis: 2.350 Euro.

Viel Geld, aber man lebt ja nur einmal, denke ich mir. Als ich die mit weißem Teppich ausgelegten Treppen emporsteige, erfüllt mich ein unbändiges Glücksgefühl. In wenigen Minuten werde ich mit meiner eigenen Einkaufstüte von Bergdorf Goodman aus dem Laden stolzieren. Der Dior-Stand ist noch schöner als in meiner Erinnerung. Schnell zücke ich mein Handy und filme Kleider, Handtaschen und Jacken ab. Soll ruhig jeder wissen, dass ich heute hier einkaufen werde.

Ich bitte die Verkäuferin, mir die verschiedenen Strandtaschen zu zeigen. Währenddessen scrolle ich durch meinen Instagram-Feed und sehe natürlich Influencerinnen und Spielerfrauen, posierend mit meiner Strandtasche. Wieder einmal. Schon vor meiner New-York-Reise missfiel mir, wie die Bloggerinas mit meiner Tasche posierten. Es scheint, als wäre die von mir favorisierte Tasche das IT-Piece der Saison.

Natürlich hat ein Label keinen Einfluss darauf, wer bei ihnen einkauft, aber viele der Bloggerinnen und Spielerfrauen werden von Dior selbst bezahlt und hofiert. Influencerin Ann-Kathrin Götze, 1,1 Millionen Follower, ist dafür ein gutes Beispiel. Neben großzügigen Geschenken lässt Dior sie für Events einfliegen. Für mich ist die Ehefrau des Dortmunder Fußballers Mario alles, aber kein Vorbild. Während ich mit mir hadere, präsentiert mir die gut gelaunte Verkäuferin fröhlich die verschiedenen Modelle. Auch in der Realität sind sie bildschön. Echte Handwerkskunst eben. Die Verkäuferin lässt uns mit den Taschen alleine, und ich habe in Ruhe Zeit, mich für eine zu entscheiden. Das fällt mir schwer. Ich möchte eine besondere Tasche, eine, die nicht jede hat. Ich schaue mir die einzelnen Stücke genau an, und bei jedem Modell fallen mir Bloggerinas ein, die diese auf Instagram immer mal wieder in die Kamera halten.

Plötzlich ist meine Entscheidung gefallen: Ich möchte die Strandtasche von Dior nicht mehr besitzen. Wurden Luxushandtaschen früher Vorbildern wie Grace Kelly und Jane Birkin gewidmet, kann ich mich mit den heutigen Damen nicht mehr identifizieren. Leonie Hanne, Caroline Daur, Xenia Adonts, Lena Lademann, die Liste ist lang. Und wenig überraschend. Möchte ich sein wie diese Mädchen? Nein. Möchte ich dieselbe Kleidung tragen? Nein. Möchte ich Dior in ihrem Influencer-Wahnsinn bestätigen? Auf gar keinen Fall! Warum also soll ich mein hart verdientes Geld für den Nullachtfünfzehn-Bloggerina-Look hinblättern?

»I don't want it anymore«, entgegne ich der verwunderten Verkäuferin. Mein Freund und ich verlassen Dior. Gelangweilt schaue ich mir die Sortimente der anderen Luxuslabels an. Das Sortiment von Dolce & Gabbana, einst eines meiner Lieblingslabels, ist mir dank Instagram bereits bestens bekannt. Caroline Daur ist für Dolce & Gabbana gar über den Laufsteg stolziert. Gemeinsam mit ihrer ehemals besten

Freundin, der *Germany's-Next-Topmodel*-Siegerin aus dem Jahre 2014, Stefanie Giesinger. Unter den Influencerinnen befinden sich bemerkenswert viele ex-beste Freundinnen.

Frustriert verlasse ich das Kaufhaus und habe schlechte Laune. Mich haben die Luxuslabels eindeutig als Kundin verloren. Ausnahme: Hermès. Aber für die Kelly Bag werde ich noch einige Jahre sparen müssen. Leider. Ich beginne, mich zu fragen, ob es nur mir so geht. **Wollen wirklich so viele andere Frauen den Influencerinnen nacheifern? Erwerben die anderen Nutzer Luxusprodukte aufgrund der Influencer-Werbung?**

Ja und nein. Der Einfluss von Influencern auf die Kaufentscheidung von Luxusprodukten ist bei der deutschen Generation Z geringer, als man meint. Das geht aus einer aktuellen Untersuchung des Beratungsunternehmens Fleishman Hillard hervor, die *HORIZONT Online* exklusiv vorliegt.[46]

Auf die Frage, wer oder was den Kauf von Luxusprodukten beeinflusst, geben nur 22 Prozent der Generation Z in Deutschland Influencer als Antwort.

Nur etwa jede vierte Person lässt sich von den Berühmtheiten auf Instagram also eventuell zum Kauf beeinflussen, so die Studie. Mich würde interessieren, wie viele Instagram-Nutzer die Werbung der Influencer gar von einem Kauf abhält. Das gängige Argument der MarketingleiterInnen von Dior und Co.: »Wir haben schon immer Influencerinnen für Werbung bezahlt. Früher waren es eben Schauspielerinnen.« Das stimmt.

Und es spricht nichts dagegen, wenn luxuriöse Modemarken, wie beispielsweise Dior, Menschen bezahlen, die ein besonderes Talent haben, die eine Leistung erbringen, und sei es die, uns für zwei Stunden im Kino in eine andere Welt zu entführen. US-Schauspielerin Julia Roberts ist dafür ein gutes Beispiel. Sie ist das Gesicht des Lancôme-Parfums *La vie est belle*. Mein Lieblingsparfüm.

6,5 Millionen[47] Menschen folgen ihr auf Instagram und das, obwohl sie fast nichts postet. Kaum Storys. Ab und an mal ein Foto für die Timeline. Das sind dann Porträts von der Seite, Früchte im Korb oder News-Artikel. Ihr Profil umfasst insgesamt nur 137 Beiträge. Das von Über-Bloggerina Caroline Daur hingegen 3.831. Die Bezeichnung Bloggerin missfällt ihr übrigens, auch das Wort Influencerin mag sie nicht, sie bezeichnet sich lieber als Unternehmerin. So geht es vielen Influencern.

Im September 2019 gab Blogger Riccardo Simonetti via Instagram bekannt: »Nach sieben wundervollen ereignisreichen Jahren, für die ich sehr dankbar bin, bin ich zu dem Entschluss gekommen, dass ich meine Karriere als Blogger beende. Für mich persönlich fühlt es sich wahnsinnig wichtig an, diesen Teil meines Lebens hinter mir zu lassen, weil ich mich irgendwie nicht mehr mit Begriffen wie Blogger oder Influencer identifizieren kann und möchte. Natürlich benutze ich auch weiterhin Social Media, so wie jede andere öffentliche Person auch.«[48]

Riccardos neue präferierte Berufsbezeichnung: Entertainer. Wochen nach seinem Post überprüfe ich seinen Account. Außer dass es seinen Blog nicht mehr gibt, hat sich eigentlich nichts geändert. Er wirbt nach wie vor für Produkte. Wie zum Beispiel für die Kosmetiklinie NYX Cosmetics. Ich wage an dieser Stelle, die Vermutung aufzustellen, dass er immer noch mehr Geld mit seinen Werbekooperationen als mit seiner Tätigkeit als Entertainer verdient. Was auch immer dieses Wort in seinem Fall bedeuten soll. Für mich ist Thomas Gottschalk ein Entertainer. Er hat seinen Beruf von der Pike auf gelernt. Bevor er seine erste Fernsehmoderation absolvierte, arbeitete er jahrelang als freier Mitarbeiter für den Jugendfunk beim Bayerischen Rundfunk. Danach arbeitete er für die Zeitung *Münchner Merkur* und ging für das Hörfunkprogramm von Radio Luxemburg als Mister Morning auf Sendung. Darauf moderierte er sechs Jahre die *B3-Radioshow am Nachmittag*. Gottschalk ist übrigens nicht auf Instagram aktiv. Hat er gar nicht nötig.

Simonetti muss man zugutehalten, dass er bereits im Alter von 14 Jahren eine eigene Radiosendung moderierte. Dazu gehört Mut und Selbstvertrauen. Bewundernswert. Doch danach folgte laut meiner Recherche bis zu der Gründung seines Blogs nicht mehr viel außer einiger Praktika. Im Gegensatz zu Gottschalk war Simonettis Ziel immer klar: berühmt werden. Um jeden Preis. Wer seine Biografie *Mein Recht zu funkeln* gelesen hat, weiß: Seine berufliche Tätigkeit scheint ihm recht egal gewesen zu sein. Ob Schauspieler, Journalist, Moderator oder eben Blogger: Hauptsache berühmt. Wenn bei einem Fernsehsender eine Praktikantin den Wunsch äußern würde, irgendwann einmal zu moderieren, hätte sie es in den darauffolgenden Jahren sehr schwer. Zu Recht.

Denn bei einer journalistischen Tätigkeit, die auch ein Entertainer in gewisser Weise ausübt, muss es mehr um den Mehrwert für den Zuschauer als um die eigene Berühmtheit gehen. Doch für die Influencer gelten andere Regeln, sie haben sich ihre eigene Welt erschaffen. Simonetti ist aufgrund seines Talents für die eigene Selbstinszenierung bekannt. Er ist nicht der Einzige. **Auch alle anderen Influencer haben durch ihr öffentlich ausgestelltes, arg inszeniertes Privatleben eine Blase erschaffen, in der sich eine erstaunliche Marktkraft entwickelt hat.** Es ist ein wenig wie in dem Märchen *Des Kaisers neue Kleider*, in dem sich niemand traut, dem Kaiser zu sagen, dass er nackt ist. Sein Hofstaat feiert ihn lieber für seine wunderbaren Kleider, bis ein Kind die Wahrheit äußert: »Er hat doch gar nichts an.« Exakt so ist es meiner Meinung nach bei den Bloggern, sie haben es geschafft, jedem in ihrem Umfeld weiszumachen, dass sie eine Person von Bedeutung sind; ihren Followern, Journalisten, Marketingagenturen, Unternehmen. Die wenigsten hinterfragen, ob und für was die Person eigentlich berühmt ist. So steigen ihre Reichweite und ihre Kooperationen gleichermaßen an.

Auch an dieser Stelle möchte ich mich erneut an Simonettis Erfahrungen bedienen. Als er anfangs eine Einladung zu einem Society-Event ergatterte, schmiss er sich in eine auffällige Jacke und verteilte fleißig Visitenkarten mit der Aufschrift »Blogger, Model«. Er war zu diesem Zeitpunkt nicht mehr als ein Abiturient mit Praktika, aber er verkaufte sich, als sei er jemand, für den sich die Presse und etwaige Auftraggeber interessieren sollten. Klassischer Fall von: *Fake it till you make it.*

Man könnte nun argumentieren, dass der Aufstieg der Influencer eine Banalisierung der Profession an sich ist. Erlaubt die Digitalisierung Menschen doch, sich auf Feldern zu betätigen, für die man früher eine fundierte Ausbildung brauchte. Das betrifft die Schauspielerei, die Unternehmensberatung, Werbung, die Filmbranche, Produktentwicklung und eben auch den Journalismus, also mich.

Vielleicht wird uns, den Journalisten, deswegen so gerne Neid vorgeworfen. Oder aber auch, damit wir gar nicht erst auf die Idee kommen, den Instagram-Wahnsinn öffentlich zu hinterfragen. Denn sobald wir Journalisten eine Influencerin kritisieren, müssen wir uns direkt so etwas anhören wie: »Neid. Warum können die Journalistinnen sich nicht einfach für uns freuen? Wir können doch nichts dafür, dass sie keine Luxushandtasche geschenkt bekommen?« Dieses

Zitat ist nicht erfunden, sondern es wurde exakt so zu mir gesagt.

Mich ängstigen jetzt schon die vielen Vorwürfe und digitalen Hassbriefe, die ich aufgrund meines Buches womöglich erhalten werde. **Doch es ist wichtig, die Sinnhaftigkeit der Influencer als Markenbotschaft zu hinterfragen.** Ich für meinen Teil werde ab jetzt nur noch Produkte von Labels erwerben, die den Instagram-Wahnsinn nicht unterstützen. Marketingchefinnen mögen meine Entscheidung belächeln, denn mein Einkauf macht keinen nennenswerten Unterschied in ihrem Jahresergebnis aus. Aber ich bin mir sicher: Es wird mehr solche Leute wie mich geben.

TEIL 3

Auf der Suche nach der einen perfekten Instagram-Lösung

Dein Fragebogen zur Instagram-Nutzung

In den letzten Monaten hat mich neben meiner Recherche und dem Schreiben vor allem die Suche nach der einen perfekten Lösung beschäftigt. Mein Problem: Wie soll ich zukünftig mit dem Medium Instagram umgehen? Soll ich mich endgültig von der App verabschieden oder reicht es mir, meine Instagram-Zeit und meine Aktivitäten signifikant zu reduzieren? Und meine Posts zu verändern? Eine schwierige Entscheidung. Es kostete mich Monate, für mich selbst einen Ausweg aus dem Instagram-Dilemma zu finden. Deswegen erscheint es mir unmöglich, dir hier eine allgemeingültige Lösung zu empfehlen. Denn mit ziemlicher Sicherheit unterscheidet sich dein Instagram-Verhalten von dem meinen.

Ebenso sicher ist aber, dass du dein eigenes überprüfen solltest. **Ich habe noch niemanden getroffen, den es wirklich glücklich gemacht hat, minutenlang durch seinen Instagram-Feed zu scrollen oder sich die Storys der anderen anzuschauen.** Vielmehr berichten die meisten Menschen, wie erschlagen sie sich danach fühlen. Und dass das eigene Leben auf sie nach ihrem Instagram-Stalking weniger lebenswert wirke. Und die anderen, die Süchtigen, flüchten sich in Ausreden: »Ich habe doch kein Problem mit Instagram. Wirklich nicht. Ich hänge auch nicht sooo dran. Letzte Woche war ich nur zwanzig Minuten am Tag online, weil ich kaum gepostet und kaum geschaut habe.« Oder auch: »Also ich würde sagen, es macht mir Freude und ich nutze es bewusst für den Job – süchtig bin ich nicht. Andere Personen haben ein schwaches

Selbstwertgefühl und sind deswegen süchtig nach der Selbstinszenierung. Aber ich doch nicht.«

Eine Bekannte von mir, die ich auf ihre zahlreichen, größtenteils absurden Storys über ein Berlin-Wochenende, über das sie postete, hinwies und die ich danach auf stumm gestellt habe, antwortete mir: »Das hier soll eine Berlin-Erinnerung für die Ewigkeit werden. Anders als über einen Tag mit den vielen Storys für die Highlight-Bibliothek kann ich das leider nicht machen.« Schon klar, eine Erinnerung für die Ewigkeit also: Ob sie Bilder ihres Hotelzimmers, des Frühstücks, Mittagessens, der Humboldt-Universität zu Berlin in dreifacher Ausführung und ein Foto ihres Starbucks-Bechers auch in ein nicht digitales altmodisches Fotoalbum kleben würde? Ich bezweifle es.

Für mich sind das alles Ausreden. Es ist die Sprache der Süchtigen. Süchtige sind wie Roboter. Sie haben keinen eigenen Willen. Und ein Süchtiger versucht immer, seine Sucht zu verheimlichen, vor allem vor sich selbst. Das ist nicht schlimm. Ich war selbst süchtig. Und vielleicht kannst du mit der Instagram-Welt wirklich besser umgehen, als ich es konnte. Das mag ich gar nicht anzweifeln. Aber ich kann nicht oft genug wiederholen, dass die Zeit, die wir auf Instagram verbringen, kostbare Lebenszeit ist. Und unser Leben ist nicht unendlich lang.

Ich bin jetzt 27 Jahre alt, laut Statistiken liegt meine Lebenserwartung bei 80,64 Jahren. Bleiben mir, wenn es gut läuft, noch 53 Jahre. 636 Monate. 19.080 Tage. Dann ist Schluss. Ein für alle Mal. Möchte ich wirklich weiterhin zwei Stunden meiner Lebenszeit täglich auf Instagram verbringen? Hochgerechnet wären das 1.484 Tage. 50 Monate. 4 Jahre. Ich würde mich konstant um wertvolle Zeit betrügen, die ich anderweitig viel besser nutzen könnte.

Ich kenne deine persönliche Instagram-Statistik nicht, aber sie würde mich brennend interessieren: **Wie viel Lebenszeit verschenkst du an dein digitales Paralleluniversum?** In den nächsten Kapiteln möchte ich dir einige Denkanstöße geben, wie du deine eigene Situation analysieren kannst, um zu entscheiden, was für dich am besten ist. Letzten Endes kannst nur du selbst das wissen, aber ich hoffe, dass du von meinen Erfahrungen profitierst. Ich möchte dir etwas vorschlagen: Bevor du dieses Buch weiterliest, hinterfrage zunächst dein eigenes Social-Media-Verhalten. Setze dich dafür in einer ruhigen Minute hin, schalte dein Handy aus und beantworte, am besten schriftlich, die folgenden Fragen, die mir dabei geholfen haben, einen Ausweg aus meinem Instagram-Dilemma zu finden.

- Wieso teile ich mein eigenes Leben auf Instagram?
- Was erhoffe ich mir von meinem Instagram-Profil?
- Setzt mich Instagram unter Druck? Fühle ich mich gezwungen, Inhalte zu teilen?
- Überprüfe ich die Anzahl meiner Likes und Follower? Wenn ja, warum?
- Kann ich die Momente in der Realität noch genießen, wenn ich sie fotografiere?
- Was habe ich davon, fremden Menschen auf Instagram zu folgen?
- Bieten mir die von mir abonnierten Accounts einen Mehrwert?
- Inspirieren mich die InfluencerInnen wirklich?
- Was bringt es mir, den Tagesablauf der Bloggerinas zu kennen?

- Fühle ich mich nach ihren Storys schlechter oder besser?
- Macht mich Instagram glücklich?
- Bringt mich Instagram zum Lachen?

Und zum Abschluss die Gretchenfrage: Soll ich komplett mit Instagram aufhören? Reicht es mir, meine Social-Media-Zeit zu reduzieren? Und mein Instagram-Verhalten zu ändern? Oder muss ich an meinem Instagram-Auftritt vielleicht gar nichts verändern?

Nachdem du dir dein eigenes Social-Media-Verhalten bewusst gemacht hast, empfehle ich dir ein Digital-Detox-Wochenende. Lies die nachfolgenden Kapitel in einer dir selbst auferlegten Instagram-freien Woche. Mir selbst wurden erst durch meinen kalten Entzug während meines Wochenendes am Gardasee meine teils fanatische Abhängigkeit, das Leben der anderen zu verfolgen und mein Wahn, belanglose Momente zu teilen, bewusst.

Denn sind wir einmal ehrlich: Welchen Mehrwert hat es, auf Instagram mitzuteilen, dass wir gerade im Fitnessstudio sind, im Zug sitzen, mit unseren Freundinnen Wein trinken, ein Eis essen, im Schwimmbad sind oder stundenlang IKEA-Möbel aufgebaut haben? Warum teilen wir diese nichtssagenden Momente? Und wozu dienen eigentlich die ganzen retuschierten Fotos? Sobald unsere Mitmenschen uns in der Realität sehen, sind sie über unser nicht ganz so perfektes Aussehen bestenfalls verwundert. Schlimmstenfalls enttäuscht. Zu Recht. **Eine digitale Täuschung ist immer auch eine Lüge.**

Wieso teile ich mein eigenes Leben?

Das Problem

Getreu meinem Fragebogen starte ich meine Suche nach der perfekten Instagram-Lösung mit der ersten Frage: Warum teile ich mein komplettes Leben auf Instagram? Und was habe ich davon? In bester Universitätsmanier setze ich mich an meinen Schreibtisch, hole mir ein Blatt Papier aus dem Drucker. Ich schreibe die Frage in Großbuchstaben in die Mitte. Danach umkreise ich sie. Einmal. Zweimal. Dreimal. Die Herangehensweise erscheint mir selbstverständlich; eine Mindmap strukturiert die eigenen Gedanken, sorgt für innere Klarheit und bringt oft die Lösung. Entlang meiner Frage male ich Pfeile und Kreise.

Das erste Wort fällt mir leicht: »Job«. Eine für mich befriedigende und vor allem wahre Antwort. In der Vergangenheit erhielt ich des Öfteren Jobanfragen via Instagram. Darunter schreibe ich »Moderation«. Auch hier half mir Instagram dabei, Kunden zu akquirieren. Es folgt das Wort »Reichweite«. Diese Mindmap ist einfacher zu gestalten, als ich dachte. Vielleicht ergibt Instagram ja doch Sinn für mich, frohlocke ich wie eine Alkoholsüchtige, die in einer Studie liest, dass ein Glas Rotwein beim Einschlafen helfen soll. Auch das Wort »Narzissmus« fällt mir nicht schwer aufzuschreiben. Bereits zu Schulzeiten lernte ich im Psychologieunterricht, dass wir alle in gewissem Maße Narzissten sind. Der eine mehr, die andere weniger. Welche Gründe gibt es noch für mein Instagram-Ich? Warum teile ich meine Urlaubsreisen, meine Familie und meine Wohnung auf Instagram mit fremden Menschen? Ist es bloßer Narzissmus? Ich beginne nachzudenken. Mir fällt nichts ein. Es fällt mir schwer, diese

Frage zu beantworten. Die Lösung: Ich verordne mir selbst einen ausgiebigen Schreiburlaub.

Tage später liegt meine Mindmap auf meinem Schreibtisch, als mir am Flughafen plötzlich klar wird: Ich fröne mit meiner wilden Posterei der sozialen Angeberei. Eine der schlimmsten Eigenschaften, die ein Mensch haben kann. Angeber kann niemand leiden. Und ich war mir dessen unterschwellig zu jedem Zeitpunkt bewusst. **Ich wollte mit meinen zahlreichen privaten Posts nicht in meinem Job vorwärtskommen, sondern einfach nur meine Follower, darunter auch Menschen aus meiner Vergangenheit, beeindrucken.** Ich war süchtig nach ihrer digitalen Bestätigung.

Und mein Instagram-Profil hatte etwas von: »Schaut mal her, wie glücklich ich bin, wie weit ich gekommen bin, wie perfekt mein Leben ist.«

Was es in der Realität übrigens überhaupt nicht ist. Wie könnte es das auch sein? **Kein Leben ist perfekt. Das muss es auch gar nicht sein.** Natürlich erlebe ich ab und an Momente, die mein Herz berühren. Wie alle von uns. Aber diese Momente sind selten. Die ungefilterte Wahrheit ist, dass ich oft einsam bin. Wahnsinnig einsam. Wie jetzt gerade in diesem Moment. Ich sitze in Terminal eins des Münchner Flughafens, warte auf das Boarding. Neben mir steht ein Take-away-Sushi-Paket. Wie so oft. Vor mir befindet sich mein aufgeklappter Laptop. In Momenten wie diesen sehne ich mich nach den lauten, lebensfrohen Abendessen meiner Kindheit. Bei uns war immer etwas los. Heute verspüre ich oft eine intensive Sehnsucht nach eben jenen Tagen. Und nach meinen Eltern. Besonders nach meinem kleinen Papi.

Doch anstatt ihn anzurufen, nutzte ich Momente wie diese in der Vergangenheit, um meinen Laptop in Szene zu setzen. Für Instagram. Natürlich nicht, ohne meine hochprei-sige Armbanduhr hübsch neben mir zu drapieren. Zusätzlich winkelte ich meine Beine an, damit sie dünner aussehen. Wenn ich nach etlichen Versuchen endlich mit dem Bild zu-frieden war, tippte ich schnell noch einen Satz dazu. Zum Bei-spiel: »Next stop: Berlin. #Interviewtime.«

Von meinem nagenden Gefühl der Einsamkeit schrieb ich nichts. Kein Wort. Auch nicht, dass ich mich an manch einem Abend, wenn ich spät mit meinem soeben erstande-nen lauwarmen Curry unterm Arm im Regen nach Hause laufe, frage: »Was bringt mir das eigentlich alles?« Ich gebe an dieser Stelle zu: Manchmal beneide ich das Familienleben gleichaltriger Weggefährtinnen. Hemmungslos.

In den einsamen Momenten frage ich mich oft, ob es mich nicht glücklicher machen würde, zu meinem Freund zu ziehen, irgendwann eine Familie zu gründen, mich als freie Autorin zu betätigen. Ich wäre kaum einen Abend mehr alleine-ne, müsste nicht andauernd aufgrund von Interviewterminen in seelenlosen Hotels übernachten, würde die Geburtstage meiner besten Freundinnen nicht länger verpassen, wäre in meiner Heimatstadt Düsseldorf, könnte meine Familie mehr sehen und wäre weniger einsam.

Natürlich weiß ich, dass ich das nicht tun werde. Ich bin ein Workaholic, aber eben kein besonders glücklicher. Wahr-scheinlich fragst du dich jetzt: Warum erzählt sie mir das al-les? Wozu muss ich ihre Selbstzweifel kennen? Sie wollte mir doch erklären, warum sie ihr eigenes Leben auf Instagram teilt? Ich halte es für wichtig, um zu verstehen, dass wir uns gar nicht so anders als die Bloggerinas verhalten und mit un-seren geteilten Inhalten anderen Menschen schaden. Denn auch wir teilen auf Instagram nur unsere besten Bilder. Selbst wenn wir mal etwas vermeintlich Negatives veröffentlichen, tun wir das nur mit dem nötigen Filter. In wirklich schlechtem Licht präsentieren wir uns eigentlich nie.

Und sollten wir ein Bild mal nicht bearbeitet haben, kokettieren wir mit dieser Information und nutzen den Hashtag #NoFilter. Allein dieser Hashtag, der bislang 260 Millionen Mal genutzt wurde, ist völlig verrückt. **Ist es nicht absurd, dass wir unsere Mitmenschen darauf hinweisen müssen, dass eines unserer Bilder mal nicht bearbeitet ist? Es ist gefährlich, dass Fake das neue Normal ist. Wir leben in einer Blase gefüllt mit digitalen Lügen.** Schlimmer noch: Durch das Teilen unserer verlogenen Inhalte untergraben wir die Wahrheit. Auf Instagram sind wir alle miteinander Fake-People.

Pickel sollten normal sein. Augenringe. Und eben auch unsere Selbstzweifel. In jedem Lebensjahrzehnt, aber vor allem in unseren Zwanzigern, müssen wir zahlreiche wegweisende Entscheidungen treffen: Bei welcher Firma starte ich meine berufliche Laufbahn? Entscheide ich mich für die sichere Festanstellung oder für meinen Lebenstraum? Möchte ich für eine Zeit ins Ausland gehen? Mit welchem Mann möchte ich mein Leben verbringen? Soll ich mich früh binden oder lieber später? Verpasse ich vielleicht etwas? Auf all diese Fragen die richtigen Antworten zu finden ist schon schwer genug, aber umgeben von jeder Menge Fake-People, die uns ihr permanent perfekt wirkendes Leben unter die Nase reiben, ist es fast unmöglich.

Und gefährlich. Denn wenn Menschen fake sind, wird alles fake. Der Informatiker Jaron Lanier stellt in seinem Buch fest: »Ein junger Mensch wird von seinem Freundeskreis zutiefst beeinflusst, aber das gilt auch für den Rest seines Lebens. Wenn es in diesem erweiterten Freundeskreis eine Menge Fake-People gibt, die kreiert werden, um dich zu manipulieren, wirst du wahrscheinlich beeinflusst, ohne es überhaupt zu merken. Die Wahrheit ist schwer zu akzeptieren, aber da soziale Eindrücke eine wichtige Rolle spielen, hast du selbst dich schon zumindest ein bisschen fake verhalten.«[49]

Auch wenn Lanier mit dieser Aussage auf künstliche Personen abzielt, die es abgesehen der offensichtlichen Fake-People, wie Alexa, Fortuna und Siri im Internet gibt, würde ich noch einen Schritt weitergehen: **Instagram-Nutzer, die ihr Gesicht schmälern, ihre Beine verlängern, ihren Taillenumfang verringern und falsche Angaben zu ihrem Aufenthaltsort machen, sind Fake-People.** Zum Beispiel wenn sie gerade unglücklich zu Hause auf der Couch liegen, aber ihren Followern vorgaukeln, dass sie gerade auf den Malediven chillen.

Die Inhalte dieser Fake-People suggerieren uns, dass wir immer happy sein müssen. Ausnahmslos. Dass das Leben immer schön ist und wir jeden Tag rosafarbene Zuckerwatte essen sollten. Und natürlich mit Konfetti werfen. Klar. Ich weiß nicht, warum mir gerade Zuckerwatte und Konfetti in den Sinn kommen. Vielleicht, weil ich nichts lächerlicher finde als die abgemagerten Bloggerinas, die auf Instagram so tun, als würden sie jeden Tag Burger, Pommes und Süßigkeiten essen.

Auch das auf den Fotos funkelnde Konfetti wird nicht benutzt, um sich gegenseitig damit abzuwerfen. Spaß zu haben. Lebendig zu sein. Es ist Foto-Konfetti. Mehr nicht. Kein Vergleich zu meiner Puderzuckerschlacht, die ich vor über zehn Jahren mit meinem Ex-Freund Philip in der Küche meiner Mutter ausgefochten habe. Was hatten wir für einen Spaß. Natürlich offline. Von diesem Nachmittag gibt es keine einzige Aufnahme. Wie er wohl verlaufen wäre, wenn es Instagram damals schon gegeben hätte? Ich sehe den Ablauf bildlich vor mir. Angestrengt lächelnd blicke ich in die Kamera:

»Und Philip, ist ein gutes Bild dabei?«

Abschätzig blickt Philip auf das Display seines iPhones: »Nee, kannst du den Puderzucker nicht höher werfen? Es sieht auf dem Bild sonst irgendwie komisch aus. Und pass auf, dass deine Haare nicht komplett voll mit dem Zeug sind. Dein Haaransatz ist jetzt schon verklebt, sieht aus als wären deine Haare fettig.«

Genervt blicke ich ihn an: »Okay. Neuer Versuch.«

Nach wenigen Minuten ermahnt Philip mich erneut: »Schon besser, aber du musst auch lachen, Nena. Ja gut, aber noch mehr. Strahle mal so richtig. Erfreue dich an dem Puderzucker. Denk dran: Du hast gerade richtig Spaß.«

Nach dem Fotoshooting hätten wir höchstwahrscheinlich eine Stunde lang das perfekte Bild ausgesucht. Und bearbeitet. Danach hätten wir stillschweigend nebeneinander auf dem Sofa gesessen und die Anzahl unserer Likes verfolgt. Mich schaudert es bei dem Gedanken an eine inszenierte Puderzuckerschlacht für Instagram. Gruselig. Denn in dem Instagram-freien Sommer 2009 waren wir am Ende von oben bis unten mit Puderzucker bestaubt. Und unsere Haare waren völlig verklebt. Wir sahen aus wie zwei gerupfte Hühner, und während meine Mutter uns anschrie, was uns denn einfiele, konnten wir uns beide das Lachen nicht verkneifen. Obwohl es ihr gutes Recht war: Der Küchenboden klebte noch Tage später.

Uns störte das nicht. **Wir waren glücklich, ohne der Welt unser Glück präsentieren zu müssen.** Heute ist das anders. Meine aktuelle Beziehung teile ich auf Instagram mit meinen Followern. Inklusive kitschiger Pärchenfotos. Bei den meisten Aufnahmen hatten Caspar und ich übrigens Streit. Wenn das Foto nicht instagrammable genug war, suchte ich die Schuld bei ihm. Er gab sich schlichtweg nicht genug

Mühe. Auch nicht bei dem zwanzigsten Foto. Der Klassiker. Scrolle ich jetzt durch meine Timeline, gibt es nur ein einziges Foto, auf dem wir während der Entstehung des Bildes wirklich richtig glücklich waren.

Es ist ein Schnappschuss aus dem Jahr 2011, fotografiert von Jil. Damals war ich 19 Jahre alt und dachte gar nicht daran, dieses Foto in einem sozialen Netzwerk zu teilen. Da ich nicht die Einzige bin, die meint, ihre Liebe auf Instagram zelebrieren zu müssen, frage ich mich: Wie viele Pärchenfotos wurden in den vergangenen Jahren wohl für Instagram inszeniert? Waren die Paare bei der Entstehung des Fotos wirklich so glücklich, wie ihr auf Instagram geteiltes Bild suggeriert? Warum verbringen wir alle so viel Zeit damit, uns selbst zu inszenieren? Und wieso gaukelt Instagram uns vor, unser digitales Fotoalbum zu sein, wenn wir mit unseren Posts doch nur unserem Drang nach Selbstinszenierung frönen?

Ich kann nicht beweisen, dass wir Frauen ohne Instagram weniger Selbstzweifel hätten. Ich bin auch keine Psychologin oder Soziologin, ich spreche hier als Journalistin, die davon überzeugt ist, dass die Instagram-Community größtenteils auf Fake-People basiert und deswegen kein gutes, sondern ein schädliches Medium ist.

Studien bestätigen meine Vermutung, dass uns unsere Sucht danach, uns das Leben der anderen anzuschauen, und unsere geteilten Inhalte uns schaden. Wenn du mir nicht glauben solltest oder es nicht bemerkst, gib einfach mal die Frage »Macht Instagram unglücklich?« bei Google ein. Dich wird die Fülle an Belegen und Studien schier überwältigen. Ganz sicher.

Warum wir auf Instagram trotz all dieser Studien unser Leben teilen? Meine Vermutung: Durch die Like-Funktion werden wir süchtig nach dem Kick, besonders zu sein.

Allgemein gibt die App allen von uns die Chance, berühmt zu sein. Instagram suggeriert uns, wichtig zu sein. Natürlich nicht prominent, wie die Megastars Taylor Swift, Heidi Klum oder Kim Kardashian, aber in dem Kreis unserer Follower sind wir jemand. Auf jeden Fall denken wir das.

Die digitale Aufmerksamkeit unserer Follower ist unsere tägliche Droge. Der digitale Kick lenkt uns von unserer teilweise drögen Realität ab, in der wir nicht jeden Tag etwas Besonderes erleben. **Ich bin davon überzeugt, dass wir unser Leben teilen, um jemand zu sein. Um einen digitalen Fußabdruck zu hinterlassen und nicht, um ein digitales Fotoalbum zu pflegen oder anderen Menschen einen nachhaltigen Mehrwert zu bieten.**

Die Lösung

Wie bei allen Dingen im Leben gilt auch hier: Finde für deine Instagram-Nutzung ein gesundes Mittelmaß. Die Regeln für dein eigenes Social-Media-Verhalten musst du selbst finden. Mein Tipp: Hinterfrage deine Posts. Warum teilst du diese privaten Momente? Was bringt dir das? Müssen deine Follower wirklich deine Sockenfarbe und dein Mittagessen kennen? Musst du wirklich jeden einzelnen Tag dein Outfit posten? Gibt es vielleicht einen Teil deines Lebens, den du besser für dich behalten solltest? Und: Sind Bikini- und Badehosen-Bilder auf Instagram wirklich sinnvoll?

Ich für meinen Teil habe beschlossen, nicht länger ein Leben für Instagram, sondern ein Leben mit Instagram zu führen. Das bedeutet: Ich werde mein Privatleben weniger teilen und dafür meine berufliche Tätigkeit noch stärker in den Vordergrund rücken. Auch Bikini-Bilder wird es keine mehr von mir geben. Und mein Freund wird auf meinem Instagram-Profil weniger vorkommen, was ihn freuen wird.

192

Er konnte das digitale Zelebrieren unserer Liebe noch nie leiden. Das bedeutet nicht, dass ich nie wieder ein Bild von uns
posten werde, aber ich werde mein Privatleben in der Zukunft
wesentlich selektiver teilen. Und manch ein privater Moment
bleibt ab jetzt auch komplett privat.

Setzt mich Instagram unter Druck? Fühle ich mich gezwungen, Inhalte zu teilen?

Das Problem

»Wer weiß, was Facebook mit den Gehirnen unserer Kinder anstellt«,[50] sagte einst Sean Parker, der erste Präsident des Unternehmens Facebook. Er stellte auch fest, dass Facebook die Menschen absichtlich süchtig gemacht hat. Er habe geholfen, ein Monster zu erschaffen. Zu dem Facebook-Konzern gehört auch Instagram. Aber was genau stellen die sozialen Medien mit meinem Denken und Fühlen an? Warum setzt mich Instagram unter Druck? Und wieso habe ich ständig das Gefühl, Inhalte aus meinem Leben teilen zu müssen? Ganz einfach: Instagram hat mich abhängig gemacht. Besser formuliert: Die Instagram-Gründer haben sich den neurologischen Prozess der Abhängigkeit zunutze gemacht. Und uns darauf programmiert, Inhalte zu teilen. Aber lassen wir uns diesen Prozess von Parker selbst erklären:

> Wir müssen dir sozusagen ab und zu einen kleinen Dopaminkick verpassen, weil jemand ein Foto oder ein Posting oder sonst was geliked und kommentiert hat. Das ist eine Feedbackschleife für soziale Anerkennung. Genau das, was ein Hacker wie ich sich ausdenken würde, weil man damit eine Schwachstelle der menschlichen Psyche ausnutzt. (...) Die Erfinder, die Urheber – Leute wie ich, Mark Zuckerberg, Kevin Systrom von Instagram, all diese Leute – haben das auf einer ganz bewussten Ebene verstanden. Und wir haben es

trotzdem gemacht (...) es verändert buchstäblich deine Beziehungen zur Gesellschaft und untereinander. (...) Wahrscheinlich hat es negative Auswirkungen auf die Produktivität. Wer weiß, was es mit den Gehirnen unserer Kinder anstellt.[51]

Ein digitales Herz oder ein Kommentar auf Instagram lösen bei dir ein Glücksgefühl aus. Und dieses Gefühl möchtest du immer wieder aufs Neue erleben. Wenn du dafür gelobt wirst, dass du etwas auf Instagram gepostet hast, gewöhnst du dir an, mehr zu posten. Du setzt dich selbst unter Druck damit, immer bessere, hochwertigere Inhalte zu veröffentlichen, um deine Likes zu steigern. **Der Grund: Instagram hat dich darauf konditioniert, dass du die digitalen Herzen und Kommentare zur Sicherung deiner sozialen Anerkennung brauchst.** Das hört sich im ersten Moment nicht so dramatisch an, kann aber schon die erste Phase der Instagram-Sucht sein.

Denn in deinem Kopf entsteht die Verbindung: Digitales Herz = Freude, Glück. Dank der digitalen Bestätigung, die du auf Instagram erhältst, wird das Glückshormon Dopamin ausgeschüttet und löst einen Glücksrausch aus. Deshalb schweben Verliebte oft auf Wolke sieben – sie haben einen hohen Dopaminspiegel. Ihre Gefühle sind allerdings echt. Die Likes und Kommentare auf Instagram hingegen sind eine ständige subtile Manipulation, die unmoralisch, gefährlich und grausam ist.

Nicht nur Sean Parker scheint darüber nachzudenken, was er der Menschheit mit den sozialen Netzwerken angetan hat, auch Chamath Palihapitiya, der frühere Vizepräsident für Nutzerwachstum bei Facebook, erklärte auf einer Podiumsdiskussion mit Blick auf seinen früheren Arbeitgeber: »Wir haben Tools geschaffen, die die Struktur unserer Gesellschaft auseinanderreißen.« Er präzisierte gegenüber dem Finanznachrichtensender CNBC später: »Wir leben heute in einer Welt, in der es sehr leicht ist, die Wahrheit mit Beliebtheit durcheinanderzubringen. (...) Man kann Geld einsetzen, um zu verstärken, woran auch immer man glaubt und bringt Leute dazu, dass das, was nun beliebt ist, auch wahr ist. Und was nicht beliebt ist, ist auch nicht mehr wahr.«

Für Palihapitiya liegt der Schlüssel zur Manipulation, ähnlich wie bei Parker, darin, dass Social-Media-Dienste die menschliche Tendenz nach Feedback ausbeuten: »Das Feedback ist chemisch gesprochen der Ausstoß von Dopamin im Gehirn. Wenn man dadurch zu sehr desensibilisiert wird, braucht man den Ausstoß wieder und wieder – und löst sich so von der Welt, in der wir leben.«[52] Der Grundstock zu meiner Abhängigkeit entstand also zuerst in den Köpfen von amerikanischen Männern in ihren Zwanzigern.

Es scheint mir, als hätten sie ihr Unternehmen auf die Wette aufgebaut, dass sie es schaffen, Menschen süchtig nach digitaler Aufmerksamkeit zu machen. Mit Erfolg. Es ist ihnen gelungen, neben den bereits existierenden Drogen Alkohol, Zigaretten, Gras, Kokain etc. eine weitere zu etablieren: Instagram. 15 Millionen Instagram-Nutzer sind derzeit allein in Deutschland aktiv. Tendenz steigend. Und Instagram wird bis 2020 stärker wachsen als alle anderen sozialen Netzwerke.[53]

Mark Zuckerberg hat sein Vermögen, ungefähr siebzig Milliarden US-Dollar im Grunde Trotteln wie mir zu verdanken, die sich dazu gezwungen sehen, täglich Inhalte zu posten, um ihr Dopaminkonto aufzufüllen. Wie oft ich an den schönsten Orten der Welt meinen Freund überredete, mich zu fotografieren und danach meine Likes und Kommentare zählte: unglaublich. Absurd.

Die Lösung

Anfang des Jahres 2019 testete Instagram in Kanada eine Funktion, die es Nutzern gestattete, die Likes ihrer Bilder zu verbergen. Die Probephase scheint erfolgreich verlaufen zu sein – das Projekt wurde auf sechs weitere Staaten ausgeweitet, auch zwei europäische Länder sind dabei. In Deutschland wird immer mal wieder gemunkelt, dass Instagram sogar einen Schritt weiter gehen könnte und die Like- und Kommentarfunktionen gänzlich abschalten könnte. Selbst Bloggerinnen, die von Instagram leben, erklärten im Gespräch mit mir, wie großartig es doch sei, wenn Instagram diese Funktionen endlich abschalten würde. Auch ich selbst hatte bis vor Kurzem die Hoffnung, dass dies in Deutschland geschehen würde.

Heute glaube ich nicht mehr dran. Auch wenn aktuell weltweit inklusive Deutschland eine Testversion läuft und für manche Nutzer die Likes bereits verborgen sind. Wie soll Instagram ohne die Like- und Kommentarfunktion funktionieren? Das soziale Netzwerk basiert auf dem Dopaminkick, den es uns in Form von digitalen Herzen beschert. Ohne diese würden wir uns nicht mehr unter Druck gesetzt fühlen, Inhalte zu teilen. **Die gute Nachricht: Wir müssen gar nicht darauf warten, dass Instagram diese Funktion ausschaltet. Wir können sie selbst aushebeln, indem wir weniger bis keine Bilder mehr in unsere Timeline hochladen.** Natürlich können auch Storys von unseren Followern kommentiert werden, aber diese sind nicht öffentlich sichtbar. Es sieht auch niemand, wie viele Menschen sich unsere Story angeschaut haben. Wenn du dir, wie ich, eine Welt ohne öffentliche Likes und Kommentare wünschst, warum veröffentlichst du dann nicht einfach weniger Bilder in deiner Timeline?

Der Instagram-Gründer Kevin Systrom scheint schon lange keine Lust mehr auf die digitalen Psychospiele zu haben.

Trotz 7,9 Millionen[54] Abonnenten hat er seit dem 21. März 2018 kein einziges Bild mehr in seine Timeline geladen. Auch sein Mitgründer Mike Krieger hat seinen 4,8 Millionen[55] Abonnenten seit dem 05. Mai 2019 kein neues Timeline-Bild mehr geboten. Und Facebook-Gründer Mark Zuckerberg, Inhaber von Instagram, veröffentlichte seit dem Start seiner Instagram-Aktivitäten am 28. Oktober 2010 nur 145 Beiträge.[56]

Das sind nicht mehr als 18 Fotos pro Jahr. Und auf manchen sind nur beklebte Fingernägel, ein Schnitzel oder sein Wischmopp abgelichtet. Nicht mal er selbst. Anscheinend sind die ErfinderInnen der sozialen Medien klug genug, sich selbst nicht dem Instagram-Wahnsinn hinzugeben. Lieber erfreuen sie sich an unseren Aktivitäten. Ob sie manchmal zusammensitzen, sich an ihrem Kontostand erfreuen und sich über die Dummheit der Menschheit kaputtlachen?

Ich für meinen Teil werde mir nun ein Beispiel an Kevin, Mike und Mark nehmen und deutlich weniger Inhalte in meine Timeline laden.

Kann ich die Momente in der Realität noch genießen, wenn ich sie fotografiere?

Es mag Menschen geben, die Freude daran haben, jeden Moment digital festzuhalten. Fotografen zum Beispiel, deren Leidenschaft das Fotografieren ist. Models, deren Job darin besteht, auf Bildern schön auszusehen. Schauspieler, welche die Aufmerksamkeit anderer genießen. Das ist bei mir selbst nicht der Fall. Ich habe keinen Spaß am Fotografieren und auch nicht am Modellstehen. Deshalb verpuffte mein einstiger Traum, ein berühmtes Model zu werden, auch schnell wieder. Das perfekte Foto zu schießen, setzt mich gehörig unter Druck. Ab und an ein Erinnerungsfoto zu schießen, ist etwas Schönes, aber jeden Moment für Instagram manisch festhalten zu müssen, löst bei mir nur eines aus: Stress.

Auch die Fotoshootings mit meinen Freundinnen bereiten mir keine Freude, kein Glück. Sie bringen mich nicht zum Lachen. **Es ist ja auch skurril, sich zu treffen, um sich gegenseitig zu fotografieren, und das nicht nur einmal, sondern 76-mal hintereinander.** Diese Zahl habe ich soeben auf meinem iPhone nachgeschaut. Ich habe vor einiger Zeit sage und schreibe 76 Fotos von einer Freundin von mir gemacht. In demselben Outfit. Mit demselben, sich nur leicht veränderten Gesichtsausdruck. Am Ende war sie mit dem Ergebnis nicht einmal zufrieden. Obwohl ich sie auf fast allen der 76 Bilder bildschön fand. Die Stunde, die wir mit der Suche nach dem perfekten Bild verbracht haben, hätten wir lieber mit Quatschen verbringen sollen.

Fotos zerstören oft den Moment des Augenblicks. Erst vor Kurzem saß ich mit einer Gruppe Freunden zusammen. Und es kam, wie es kommen musste: Wir baten den Kellner, ein Boomerang-Video von uns zu machen. Für all diejenigen, die nicht wissen, was das ist: eine aufgenommene Bewegung, die sich in Sekundenschnelle wiederholt. Wir setzten uns also alle gerade hin und ließen unsere Gläser aneinanderklirren. Warfen unsere Arme in die Luft. Es muss ein grotesker Anblick gewesen sein. Erwachsene Menschen, die am Tisch zusammensitzen und für das perfekte Foto wild herumfuchteln. Nicht nur einmal. Mehrmals. Hätten wir dieses Video auch ohne Instagram gemacht? Wahrscheinlich nicht. Was soll das auch für eine lächerliche Erinnerung sein? Oder werden wir in fünfzig Jahren zusammensitzen, uns dieses Boomerang-Video anschauen und in Erinnerungen schwelgen? Bestimmt nicht.

Vor dem Instagram-Zeitalter wurden Bilder auf Facebook geteilt. In früheren Jahrzehnten klebten die Menschen ihre Bilder in Fotoalben. Das ist alles noch im Rahmen. Doch dank der Instagram-App wurden wir süchtig danach, Fotos zu machen. Vielleicht, weil wir alle dank der schicken Filter und simplen Teilfunktionen in der Lage sind, das perfekte Bild zu kreieren.

Ich wage zu behaupten, dass viele von uns, mich eingeschlossen, verlernt haben, den wahren Wert von Fotos zu schätzen. **Wir benutzen die Kamera auf unserem iPhone nicht, um besondere Momente zu konservieren, an die wir uns später einmal erinnern möchten. Nein, wir fotografieren einfach alles, was uns vor die Linse kommt.** Unser Mittagessen. Unsere Socken. Das Lebkuchenherz auf dem

Oktoberfest. Die Wanddekoration. Blumen. Luftballons. Kaffeebecher. Uns selbst. Immer wieder uns selbst.

Das Instagram-Profil von einer meiner Bekannten umfasst 3.100 Beiträge. 3.100 Fotos. Die meisten zieren ihr Gesicht. Dazu kommen noch die täglichen Storys. Warum sie so viel postet? Keine Ahnung. Sie verdient nicht einmal Geld damit. Manchmal würde ich ihr gerne schreiben: »Du machst dich mit diesen Postings nur eines: lächerlich. Leg doch mal dein Handy weg. Genieß den Augenblick. Er kommt nie wieder zurück.«

Meist lasse ich es bleiben, denn bevor meine Bekannte ihre Sucht nicht selbst erkannt hat, hat es keinen Zweck. Es ist wie mit jeder Droge: Der erste Schritt ist die eigene Erkenntnis, süchtig zu sein. Aber ich muss mich nicht länger mit dem digitalen Müll der Süchtigen zuschütten lassen. Ich stelle ihre Storys ab jetzt auf stumm. Sollen sich andere Menschen ihr tägliches Frühstück anschauen. Ich bin raus.

Die Lösung

In drei Wörtern zusammengefasst lautet die Lösung: weniger Fotos machen. Lass das Handy öfter zu Hause liegen, lege es im Urlaub in den Hotel-Safe. Beginne, über den Mehrwert des einzelnen Bildes nachzudenken: Muss ich diesen Moment jetzt wirklich fotografieren? Was habe ich davon?

Mir persönlich fällt es erstaunlich leicht, meine iPhone-Kamera weniger zu benutzen. Mittlerweile liebe ich das digitale Abschalten regelrecht. Und der Drang, jeden Moment festhalten zu müssen, ist längst verflogen. In den vergangenen fünf Monaten habe ich nur zweihundert Fotos aufgenommen. Inklusive Screenshots. Klingt viel, aber da ich früher in derselben Zeitspanne Tausende Fotos aufgenommen habe, ist es für mich ein echter Sieg. Und ich kann die Momente ohne die iPhone-Kamera viel mehr genießen.

Was habe ich davon, fremden Menschen auf Instagram zu folgen?

Das Problem

Meine digitalen Freundinnen heißen Leonie, Franziska und Mandy. Beziehungsweise hießen sie so, bis ich mich dazu entschied, keine einseitigen, digitalen Freundschaften mehr zu pflegen. Von jeder trennte ich mich zu einem anderen Zeitpunkt, aber bei allen dreien gab es, wie im realen Leben, diesen einen Aha-Moment, der mich zur Trennung bewog. Bei der Influencerin Leonie Hanne erlebte ich ihn zuerst. Während sie in dem Videointerview mit mir über ihre Schüchternheit referierte, obwohl sie bereits zu dem Zeitpunkt Tausende Fotos von sich auf Instagram gepostet hat, nickte ich nur und dachte mir einige Wochen später beim Anblick ihrer Storys: Du bist nicht authentisch. Weder auf Instagram noch in der Realität. Mit dir möchte ich gar nicht befreundet sein.

Der Zauber war verflogen. Ich entfolgte ihr. Endgültig. Wenige Wochen später registrierte ich überrascht, dass sie mir überhaupt nicht fehlt. Vielleicht, weil ich der wahren, echten Leonie Hanne sowieso nie auf Instagram gefolgt bin. Ich habe das Leben der gefilterten, fabelhaften Leonie verfolgt, die in der Realität so überhaupt nicht existiert. Auf jeden Fall nicht für mich. Denn in der kurzen Momentaufnahme, in der ich sie erlebte, war sie kein Mädchen, was mich sonderlich beeindruckte – das ist natürlich ein subjektiver Eindruck.

Ich möchte hier festhalten, dass ich sie nur wenige Stunden erlebte. Und unsere Begegnung zum jetzigen Zeitpunkt bereits über zwei Jahre her ist. Mein Eindruck mag dementsprechend falsch oder nicht mehr aktuell sein. Auf jeden Fall ist er rein subjektiv. Und nicht objektiv. Aber ich persönlich empfand sie in unserem kurzen Aufeinandertreffen als oberflächlich, und mir missfiel die Rolle ihres Freundes: Haarbürste halten. Koffer packen.

Möchte ich so sein wie Leonie? Ein Leben führen, in dem sich von früh bis spät alles nur um mich selbst dreht? In dem fast immer nur ich fotografiert werde, nie meine Schwester, nicht mein Partner? In dem immer nur ich allein im Mittelpunkt stehe? Nein. Wozu also muss ich ihren Alltag kennen, wenn wir gar nicht dieselben Werte teilen? Wozu mir ihre Storys ansehen, in denen sie mir ausschließlich ihr perfektes Leben, ihre schönen Kleider, ihre Magazin-Cover und ihre luxuriösen Urlaubsreisen präsentiert?

Was habe ich davon? Nichts. Vor allem weil Leonie weiß, wie sie sich zu präsentieren hat. Gegenüber dem *Spiegel* sagte sie einmal: »Für meine Follower bin ich eher das Mädchen von nebenan, mit dem sie gern befreundet wären.« Und dann folgt dieses Zitat: »Ich propagiere ja nie offensiv einen Luxus-Lifestyle.«[57] Wer sich auch nur einmal ihr Profil ansieht, weiß, dass sie genau das tut. Es sei denn, sie empfindet es als normal, ganzjährig die schönsten Destinationen dieser Welt zu bereisen und bei der Fashion Week in der ersten Reihe zu sein. Das mag natürlich sein.

Für eine zwischenmenschliche Beziehung bedarf es Nähe, aber wie soll echte Nähe entstehen, wenn meine digitale Freundin keine Schwäche zeigt und mir nur täglich ihr wunderbares Leben präsentiert? Ich folge Leonie nun schon lange nicht mehr, aber ab und an muss ich mir ihren Account aufgrund meiner journalistischen Tätigkeit anschauen. Ich bin jedes Mal froh, wenn ich ihn wieder wegklicken kann. Sie fehlt mir nicht. Rückblickend ärgere ich mich nur, wie viel kostbare Lebenszeit ich an ihren Instagram-Auftritt verschwendet habe.

Wahrscheinlich fehlt sie mir nicht, weil ich weiß, dass meine realen Freundinnen und mich vor allem die Momente verbinden, in denen eine von uns am Boden war. Wenn ich an Jil denke, erinnere ich mich an einen gemeinsamen Rückflug von München nach Düsseldorf. Der Flug ist mittlerweile acht Jahre her. Noch heute weiß ich, wie sie mich immer wieder suchend anschaute, während sie herzzerreißend in meinem Arm weinte. Ihre Tränen versiegten auch bei unserer Ankunft nicht. Das kommt bei ihr übrigens nicht oft vor, eigentlich nie. Die Ursache: zu privat für dieses Buch.

Was ich damit sagen möchte? Wahre Freundschaften basieren nicht auf Urlauben, Partyabenden oder oberflächlichen Gesprächen und schon gar nicht auf perfekt inszenierten Fotos. Sondern auf persönlicher Nähe. Philosoph Björn Vetter unterstützt in einem Interview mit dem Wirtschaftsmagazin *brand eins* meine Theorie: »Wenn es in sozialen Netzwerken so einfach ist, warum suchen wir überhaupt noch irgendwo anders nach Anerkennung und Liebe? Weil wir den physischen Kontakt brauchen. So richtig kennen kann man sich nur, wenn man sich auch mal anfasst, also begreift. Nur über Kommunikation kann man eine intime Beziehung niemals herstellen.«[58] **Du kannst den Bloggerinas nicht wirklich nah sein oder mit ihnen befreundet sein, egal wie emsig du ihre Instagram-Profile auch verfolgen magst. Selbst wenn du täglich jede einzelne ihrer Storys anschaust: Du kennst sie nicht.** Wie denn auch? Sie präsentieren dir nur eine geschönte Version von sich selbst und wissen nichts von deiner Existenz. Auch wenn sie dir gerne suggerieren, dass du zu ihrem Leben gehörst, dir in ihren Storys erzählen, wie viel du ihnen bedeutest und unter die Bilder in ihrer Timeline schreiben: »Happy weekend, my loves.«

Neben meiner digitalen Freundschaft mit der Fashion-Bloggerina Leonie Hanne folgte ich längere Zeit einer Family-Bloggerin. Was mit dem Begriff gemeint ist? Die Tätigkeit dieser Influencerin besteht darin, dass sie uns täglich das Idealbild einer glücklichen Familie vorlebt und uns mit Bildern von ihren süßen Kinderlein beglückt.

Den Namen der Familiy-Influencerin, der ich folgte, kann ich hier leider nicht nennen. Obwohl ihr Profil öffentlich ist und sie über 100.000 Follower auf Instagram hat. Der Grund: Sie ist mit Freunden von mir befreundet und wüsste sofort, wer mir von ihrem nicht ganz so glücklichen Leben erzählt hat. Deswegen nennen wir sie einfach Franziska.

Vor ungefähr zwei Jahren entdeckte ich Franziskas Account auf Instagram und begann, ihr zu folgen. Sie war mir irgendwie sympathisch. Sie wirkte authentisch, zeigte sich auch mal ungeschminkt in ihren Storys, und die Fotos von ihrem Sohn sind einfach nur zuckersüß. Ich empfand ihr Profil als unterhaltsam. An manchen Tagen war ich sogar ein wenig enttäuscht, wenn meine digitale Freundin noch nichts hochgeladen hatte. Ich klickte mehrmals auf der Suche nach neuen Inhalten auf ihren Account.

Irgendwann schwärmte ich bei einem Kumpel von mir, der sie zufällig persönlich kennt, von ihrem Instagram-Account. Seine Reaktion: »Nena, das ist doch eine reine Inszenierung. Alles eine einzige Show. Franziska ruft andauernd meine Freundin an und beschwert sich über ihr Leben. Die ist überhaupt nicht glücklich.« Ich war schockiert. Und fühlte mich belogen. Mir war natürlich bewusst, dass nicht jeder Mensch jeden Tag mit seinem Leben zufrieden ist, aber warum lädt man dann täglich Fotos über sein scheinbar perfektes Leben hoch? Vielleicht sollte sich Franziska weniger auf die Bildbearbeitung und mehr auf ihr echtes Leben konzentrieren. **Denn in der Realität ein glückliches Leben zu führen, ist mehr wert, als von anderen für sein hübsch präsentiertes digitales Leben bewundert zu werden.** Ich beschloss, mir Franziskas digitale Lebenslüge nicht weiter anzuschauen. Und entfolgte ihr.

Die Influencerin Mandy Bork war über Jahre meine liebste digitale Freundin. Vielleicht, weil sie auf ihren Bildern so gekonnt Zara mit hochpreisigen Marken vermischte. Ich liebte ihren Stil. Und kaufte ihr ab und an ein Outfit nach. Für meinen grau gemusterten Zara-Rock mit Schleife gepaart mit braunen Overknee-Stiefeln und einem weißen T-Shirt erhalte ich heute noch die meisten Komplimente. Danke, Mandy.

Doch sie wurde mir auf ihrem Instagram-Profil immer unsympathischer. Als sie nur dreißigtausend Follower hatte, wirkte ihr Account auf mich echt. Ehrlich. Authentisch. Sie posierte auch mal mit unbekannten Freundinnen. Ihre Timeline war nicht perfekt inszeniert. Auf hochwertige Aufnahmen folgten Schnappschüsse. Mittlerweile folgen ihr 142.000 Menschen. Tendenz steigend. Und sie zeigt sich fast ausschließlich mit den Instagram-Stars unserer Zeit. Das öffentliche Zelebrieren ihrer Freundschaft mit Fußballergattin Ann-Kathrin Götze empfinde ich als besonders peinlich. Der Tag, an dem ich endgültig mit Mandy brach, war der 14. November 2018. Der Grund: ein Werbevideo für Lancôme, in dem sie gemeinsam mit Ann-Kathrin über ihre besondere, einzigartige Freundschaft spricht.

Kurze Zusammenfassung gefällig? Ann-Kathrin läuft neben Mandy und sagt: »Du, ich bin heute nicht nur in Berlin, um dich zu besuchen, sondern ich habe auch noch eine kleine Überraschung für dich.« Meine digitale Freundin

Mandy schaut gekonnt überrascht. Die beiden laufen zu einer schwarzen Limousine. Ein Chauffeur öffnet den beiden Influencerinnen die Tür. Sie steigen ein und nehmen auf der Rückbank Platz. Auf den Sitzen befindet sich ein Blumenmeer und Ann-Kathrin überreicht ihrer Mandy ein Foto. Auf dem Bild sind die beiden zu sehen. Mandy schaut freudig drein und sagt: »Nein, das hast du noch? Ich weiß noch, da war nur eins und ich wollte es eigentlich haben, aber du hattest es dir schon geschnappt. Ich weiß gar nicht mehr, wann das war. Ich erinnere mich noch an den Abend, aber es ist schon ewig her.«

Ann-Kathrin schaut sie glücklich an: »Ja das ist schon ewig her. Und schau mal Lancôme hat uns netterweise ein Geschenk mitgebracht.«

Mandy antwortet gekonnt, als würde sie einem Drehbuch folgen, was sie wahrscheinlich tut: »Wie toll. Wollen wir es zusammen auspacken?«

Mandy und Ann-Kathrin holen das Parfüm *La vie est belle* aus der Verpackung raus, schnüffeln dran und Mandy umarmt ihre Ann. Dazu ertönt stilecht der Song *Diamonds* von Rihanna. Und ich? Empfinde puren Fremdscham. Denn das Polaroid, an das sich die zwei nicht mehr erinnern können, weil es einfach schon soooo lange her ist, stammt natürlich nicht aus ihrer Teenagerzeit, sondern ist erst wenige Jahre alt.

Kein Wunder, die Freundschaften in der Bloggerina-Sphäre haben meist keine besonders lange Haltbarkeit. Und Mandys Profil? Hat für mich heute keinen Wert mehr. **Wozu soll mich das gefilterte Leben eines Mädchens inspirieren, das ich in der Realität gar nicht kenne? Dazu, mir meine Freundinnen nach ihrer Follower-Zahl auszuwählen?** Da gehe ich ab jetzt lieber wieder mit meiner Schulfreundin Jil shoppen, sie hat mindestens einen ebenso guten Geschmack wie Mandy und weiß noch viel besser, was mir steht. Und wir verbringen gemeinsame Zeit in der Realität, was unsere Freundschaft stärken wird.

Die Lösung

Bevor ich dieses Kapitel schrieb, folgte ich 1.083 Menschen auf Instagram. Das ist kein Scherz. Zeit für mein digitales Ausmisten. Ich möchte dich an dieser Stelle vorwarnen: Solltest du dasselbe vorhaben, nimm dir Zeit dafür. Viel Zeit. Denn auf Instagram musst du das Profil von jeder Person einzeln deabonnieren. Und wem ich alles entfolge: von Michael Wendlers Laura bis hin zu Bloggerinas wie Carmushkas ehemals beste Freundin Ana Johnson.

Einmal angefangen, macht mir mein digitales Ausmisten richtig Spaß. Mit jeder Person, der ich entfolge, fällt digitaler Ballast von mir ab. Nach 65 Minuten hat sich die Anzahl meiner abonnierten Konten auf 684 verringert. Dann stoppt Instagram mich. Als ich einem semibekannten Model entfolgen möchte, ist es mir plötzlich nicht mehr erlaubt: »Diese Handlung wurde blockiert. Bitte versuche es später noch einmal. Wir schränken bestimmte Inhalte und Handlungen ein, um unsere Community zu schützen. Sag uns, wenn wir deiner Meinung nach einen Fehler gemacht haben.« Community schützen – soso. Mir kommt es eher so vor, als wolle Instagram nicht, dass ich noch mehr Konten abbestelle. Wenige Stunden später darf ich mein digitales Ausmisten endlich fortführen und stelle mir bei jedem Account die folgenden Fragen:

- Warum folge ich dieser Person?
- Inspiriert mich diese Person?
- Welchen Mehrwert bieten mir ihre Storys?
- Bringt es mich in der Realität weiter, dieser Person auf Instagram zu folgen?

Ich unterscheide bei meiner Löschaktion nicht zwischen Freunden, Bekannten und Fremden. Meine Regel: Wer mich nervt oder mir schlechte Laune bereitet, fliegt aus meinem Instagram-Feed. Ganz einfach. Denn nur, weil man sich in der Realität kennt und schätzt, muss man sich nicht täglich mit dem digitalen Mist des anderen zukippen lassen.

Die Reaktion der von mir entfolgten Leute lässt nicht lange auf sich warten. Eine entfernte Bekannte, die als Model und Influencerin arbeitet, schreibt später via WhatsApp: »Hey Maus, sag mal, ist alles okay?« Ich bin überrascht, ich habe sie schon seit Monaten nicht mehr gesehen. Flink antwortete ich ihr: »Na klar, was soll denn los sein?«

Innerhalb von einer Minute blinkt mein Handy erneut. Sie hat mir geantwortet: »Du bist mir auf Instagram entfolgt?« Verwundert über ihre Nachfrage, erklärte ich ihr meine Beweggründe: Sie poste sehr viel und ich wolle mich mehr auf mich selbst konzentrieren. Ich beende unsere Unterhaltung mit den Worten: »Aber ich würde mich wirklich sehr freuen, dich mal wiederzusehen. In der Realität.« In kurzen Sätzen, ohne überschwängliche Herzen, zu denen sie neigt, antwortet sie mir, ich solle mich melden, wenn ich mal wieder in Düsseldorf sei. Maus nennt sie mich auch nicht mehr. Nach unserem Chat entfolgt sie mir auf Instagram sofort. Ich muss lachen. Ihr Verhalten bestärkt mich nur in meinem Vorhaben.

Mein Fazit: Ich hätte schon viel früher die von mir abonnierten Konten einzeln überprüfen sollen. Insbesondere dieses Mädchen, das so süchtig ist, dass sie sogar kontrolliert, wer ihr folgt, hätte ich schon vor Monaten aus meinem Feed entfernen sollen. Meinen Kleiderschrank sortiere ich zweimal im Jahr aus, warum also nicht auch meinen Instagram-Feed? Eines ist sicher: Ab jetzt werde ich mein digitales Paralleluniversum öfter einer eingehenden Prüfung unterziehen. Mindestens zweimal jährlich. Denn mir fehlen die 683 ausgemisteten Accounts überhaupt nicht. Ganz und gar nicht. Es fühlt sich großartig an. Und was mir besonders auffällt: Die Bloggerinas haben nur Einfluss auf unser Leben, weil sie täglich in unserer Timeline und in unseren Storys auftauchen. Seit Leonie, Mandy und Franziska nicht mehr in meinem Feed sind, existieren sie für mich auch nicht mehr. Und anders als meine realen Freundinnen fehlen sie mir auch nicht. Deswegen: Adieu Leonie, Franziska und Mandy. Auf Nimmerwiedersehen.

Ich möchte an dieser Stelle darauf hinweisen, dass nicht jeder Instagram-Account das Tor zur Verdammnis ist. Es gibt auch Instagram-Profile, die uns weiterbringen und inspirieren. Falls ihr selbst gerade digital ausgemistet habt, Instagram aber weiter nutzen möchtet und auf der Suche nach neuen inspirierenden Accounts seid, hier meine Top-Fünf-Empfehlungen, die selbst meine Mutter gutheißen würde:

◎ Orange by Handelsblatt (@orange_by_handelsblatt)

Ich empfehle den Account nicht, weil ich für das Handelsblatt-Jugendportal meine wöchentliche Kolumne *Nenas Welt* schreibe. Sondern, weil euch hier täglich gut aufbereitete journalistische Inhalte mit Mehrwert geboten werden.

◎ Journalistin Arianna Huffington (@ariannahuff)

Auf den ersten Blick ähnelt Huffingtons Profil den Instagram-Profilen der Bloggerinas. Denn auch ihre Timeline umfasst Tausende von Fotos. Der gravierende Unterschied: Huffingtons Posts bieten ihren 569.000 FollowerInnen einen Mehrwert. Sie veröffentlicht beispielsweise Sprüche bekannter Personen oder ein Video, in dem sie der Talkmasterin Oprah Winfrey verrät, was sie ihrem 18-jährigen Ich heute raten würde. Die Posts von Huffington inspirieren mich selbst regelmäßig dazu, das Beste aus meinem Leben zu machen. Sie erinnern mich daran, wie wichtig regelmäßiger Schlaf ist, der bei mir oft zu kurz kommt. Den Menschen beizubringen, mehr zu schlafen, ist eine von Huffingtons Herzensangelegenheiten.

wasmitwirtschaft (@wasmitwirtschaft)

Diesen Account hat vor wenigen Monaten mein ehemaliger Chef Max ins Leben gerufen. Er ist ein großartiger Journalist, der sich mit der Vision selbstständig gemacht hat, der jungen Generation die Wirtschaft näherzubringen. Auf seinem Account bereitet er für seine Follower täglich das Wirtschaftsthema des Tages auf. Einfach erklärt.

Journalistin Jennifer Sieglar (@jennifersieglar)

Jennifer Sieglar befasst sich mit dem Thema Nachhaltigkeit und gibt Einblicke in ihre Arbeit. Sie moderiert die KiKA-Sendung *Logo* und die *Hessenschau*. Auf ihrem Account gibt es keinerlei bezahlte Werbung. Für mich ist Jennie ein Vorbild. Wird unserer Branche doch oft Stutenbissigkeit nachgesagt: Jennie ist das exakte Gegenteil. Jedes Mal, wenn ich ihr begegnet bin, war sie unterstützend, herzlich, offen. Sehr wahrscheinlich wäre dieses Buch, was du gerade liest, ohne sie nie zustande gekommen, da sie mich ihrem Literaturagenten weiterempfahl. Einfach so. Ohne mein Manuskript gelesen zu haben. Ihr Instagram-Account ist definitiv keine digitale Lüge. Jennie ist eine echte Powerfrau.

◯ Mädelsabende von Funk, der Jugendmarke von ARD/ZDF (@maedelsabende)

Auch wenn ich nicht mit den Messages aller Storys hundertprozentig übereinstimme, trauen sich die jungen Journalisten Angelina, Clare, Farah, Katja, Marlon und ihr Team etwas. Sie zeigen auf Instagram die Realität und unterbrechen damit täglich den Instagram-Wahn des perfekten Lebens und des schönen Scheines. Ihre Themen: Krebs, Armut, Magersucht, Lipödem, Schwangerschaftsabbruch.

◯ Das Magazin der Süddeutschen Zeitung (@szmagazin)

Täglich gibt es hier journalistisch hervorragend aufbereitete Grafiken, Bilder und Zitate. Am meisten inspirieren mich die Artikel, die in den Storys geteilt werden. Manche sind so schön, dass sie mich zum Nachdenken anregen. Und mein Herz berühren.

Macht Instagram mich glücklich?

Das Problem

Für jeden von uns hat das Glück eine andere Bedeutung. Für den Schriftsteller Hermann Hesse ist Glück Liebe, nichts anderes. Sein Motto: »Wer lieben kann, ist glücklich.«[59] Der Gelehrte Erasmus von Rotterdam beschrieb hingegen die höchste Form des Glückes »als ein Leben mit einem gewissen Grad an Verrücktheit«.[60] Und für die französische Bestsellerautorin Françoise Sagan lag das Glück meist in der Vergangenheit: »Man weiß selten, was Glück ist, aber man weiß meistens was Glück war.«[61] Ich stimme allen dreien zu. Für mich ist das Glück vielfältig. Und meine Sicht auf das Glück verändert sich mit jedem Lebensjahr. War ich früher noch fest davon überzeugt, dass erfolgreiche Menschen glücklich sind, hat mein Glück heute Namen: Thomas, Martha, Pia, Ira und Caspar. Wie für viele Menschen ist meine Familie für mich echtes, pures, reines Glück.

Meine Mutter, die mich gelehrt hat, nicht an morgen zu denken und lieber die Nacht zum Tag zu machen. Bis heute treffe ich mich mit niemandem lieber als mit ihr. Vielleicht, weil sie mit 54 Jahren mehr Power als manch eine meiner Freundinnen hat. Und dann ist da mein Vater, der immer für mich da ist. Emotional. Und finanziell. Er ist mein Vorbild. Mit vierzig Jahren hat er sich selbstständig gemacht. In einem Alter, in dem andere Menschen anfangen, die Rente herbeizusehnen, baute er seine Firma auf. Urlaube gab es für uns, aber nie für ihn. Durch seinen Fleiß ermöglichte er mir und meiner Schwester ein privilegiertes, sorgenfreies Leben: Studium in Maastricht, eigene Wohnung, unbezahlte Praktika, Fernreisen und Luxusartikel.

Im Gegensatz zu anderen Studentinnen musste ich nie Angst haben, am Monatsende kein Geld mehr zu besitzen. Mein Vater sprang immer ein. Er ist mein Fels. Meine Mutter die Brandung. Bei dem Wort Glück denke ich an sie beide und an die lauen Sommernächte meiner Kindheit: Scrabble-Turniere, Federballspiele, Kerzenschein. Ich denke auch an Roxy, meine Lebensfreundin, die mich immer zum Lachen bringt. An Schlittschuhe. Starbucks. Die Uni-Bibliothek. Und an Abendessen, bei denen ich so laut lache, dass ich meinen Wein auf den Boden spucken muss. Ja, vielleicht ist das zur Währung meines Lebens geworden: Lachen. Oder besser formuliert: Momente, die nachhaltig mein Herz berühren. Planbar sind diese Momente nicht, aber ein Glücksrezept gibt es: Das Handy ausmachen. Menschen treffen.

Denn eines ist sicher: Die wahren Glücksmomente passieren nur offline. Bei Aktivitäten oder gemeinsam mit Freundinnen. Nicht auf Instagram. Vielleicht wirst du dich an dieser Stelle fragen: Warum misst sie Instagram nur so eine Bedeutung bei? Die Zeit, die man täglich auf Instagram verbringt, hält uns doch nicht von unserem Glück fern. Sie kann doch Instagram benutzen und trotzdem berührende Momente erleben? Eben nicht. **»Es ist die schädlichste, die böseste und die kaputteste App, denn sie macht süchtig nach einer Lightversion des Stalkings. Und sie zerstört das Glück durch seine permanente Verbildlichung«,**[62] schrieb die Tageszeitung *DIE WELT*. Ich teile die Einschätzung. Uneingeschränkt. Natürlich gibt es auch auf Instagram gute Vorbilder für junge Frauen, wie Michelle Obama oder Arianna Huffington. Doch die meisten Bilder ähneln sich: Pastellfarbige Fotos, auf denen eine Bloggerina ein Eis anleckt, lackierte und beringte Finger an Kaffeebechern mit verzierter Schaumkrone, farbige Kofferberge am Flughafen.

Jedes Mal, wenn wir Instagram nutzen, entfernen wir uns dank dieser vermeintlich perfekten Welt ein Stück von unserer eigenen Realität. Tauchen ein in unsere Parallelwelt, nehmen die Menschen um uns herum weniger wahr. Sind abgelenkt. Die Fakten: Menschen unter 25 Jahren verbringen durchschnittlich mehr als 32 Minuten pro Tag auf Instagram. Und 85 Prozent der 12- bis 17-Jährigen in Deutschland nutzen Instagram täglich. Das sind ganz schön viele verlorene Stunden des Glückes.

Das Streben nach Glück ist ein Menschenrecht, das gar in der Unabhängigkeitserklärung der Vereinigten Staaten von Amerika verankert ist. Dieses Recht sollten wir nutzen und unsere Zeit nicht mit einer App vergeuden, die uns unglücklich macht. **Auch wenn Instagram so wirkt: Es ist alles, aber keine Kuschelwiese.** »Dieses endlose Scrollen ohne viel Interaktion ist nicht förderlich für Gesundheit und Wohlbefinden«, erklärt Niamh McDade von der Royal Society for Public Health. »Außerdem fehlt die Kontrolle über das, was man sieht. Und häufig geben Bilder vor, Realität zu zeigen, tun es aber nicht. Das ist vor allem für junge Menschen gefährlich.« Aber das sei nur ein Aspekt des Problems, betont McDade: »Manche Leute schauen sich vielleicht Feeds voller Autos an und entwickeln Ängste und Depressionen, weil sie sich nichts leisten können.«[63]

Ich unterhalte mich auf dem Oktoberfest mit einer von mir sehr geschätzten Kollegin, die für ein anderes journalistisches Medium arbeitet. Unser Thema: Instagram. Sie erzählt mir, dass Instagram sie manchmal trübsinnig stimme. Vor allem wenn sie all die *Bachelor*-Kandidaten auf Instagram sehe: »Nena, die verdienen einen Haufen Kohle, ohne etwas zu können oder etwas zu leisten. Manchmal komme ich mir dagegen als studierte, hart arbeitende Journalistin wirklich blöd vor.«

Ihre Aussage verblüfft mich. Ich frage mich: Warum vergleicht sie sich mit austauschbaren Z-Promis? Gehalt hin oder her: Die Daseinsberechtigung für ihre berufliche Existenz der *Bachelor*-Kandidaten besteht darin, dass sich andere Menschen über sie lustig machen. Meine Kollegin ist doch schon längst da ankommen, wo diese Leute gerne wären, aber nie hinkommen werden.

Ich lerne daraus, dass ich nicht alleine bin. Instagram macht uns alle auf eine andere Weise unglücklich. Doch wir alle haben eines gemeinsam: **Instagram schenkt uns kein Glück. Die Plattform trägt hingegen dazu bei, dass wir uns ständig mit anderen vergleichen und unser eigenes reales Leben hinterfragen.**

Die Lösung

Wir sollten unsere kostbare Lebenszeit nutzen, um glücklich zu werden. Auch wenn es vielleicht nicht das eine für immer anhaltende Glück gibt, sollten wir nichts unversucht lassen, unsere Glücksmomente zu maximieren. Als ich 14 Jahre alt war, las ich in dem Roman *Sturmzeit* von Charlotte Link die folgenden Zeilen: »Weißt du, solange man jung ist, denkt man immer, das Ziel des Lebens ist es, glücklich zu sein, um jeden Preis, und man kämpft um dieses Glück und wenn man ein Stück davon bekommt, könnte man die ganze Welt umarmen, um gleich darauf in Kummer zu versinken, weil sich das Glück nicht als haltbar erweist. Aber später merkt man dann, dass das eigentliche Ziel des Lebens ist, am Ende einen Berg von Erinnerungen zu haben. Darunter einige, die so schön sind, dass sie einen mit dem Rest versöhnen.«[64]

Diese Zeilen sind seit 13 Jahren mein Lebensmotto. Ich trage die herausgerissene Seite immer bei mir. In meiner Brieftasche. In den letzten fünf Jahren habe ich vermutlich dreitausend Stunden auf Instagram verbracht. 140 Tage. Vier Monate. In dieser Zeit ist keine einzige wertvolle Erinnerung entstanden. Ich kann die Zeit nicht zurückdrehen, aber ab jetzt möchte ich mich weniger von meiner selbst erschaffenen digitalen Parallelwelt ablenken lassen und stattdessen mehr Zeit damit verbringen, meinem Lebensmotto zu folgen.

Die Gretchenfrage: Soll ich komplett mit Instagram aufhören?

Das Problem

Am Anfang meines Buchprojektes erschien mir die Lösung meines Instagram-Dilemmas sehr einfach: Instagram löschen. Diese selbstzerstörerische App ein für alle Mal von meinem Handy verbannen. Schließlich möchte auch niemand ein Buch von einem Ex-Raucher lesen, der darüber schwadroniert, wie ihm der Nikotinentzug gelang, um dann kurz nach der Veröffentlichung des Buches direkt wieder zur Zigarette zu greifen. Viel wichtiger noch: Ich war Instagram-müde. Müde, mir die gefilterten Bilder der Bloggerinas anzusehen, die irgendwie alle gleich aussehen. Man könnte eine Bloggerina mit der anderen Bloggerina ersetzen, nicht jeder ihrer Follower würde den Austausch gleich bemerken.

Müde, zu hören, dass es Topmodels doch schon immer gab. Müde, darüber zu diskutieren, dass jeder Mensch selbst dafür verantwortlich sei, wem er folge und wie viel Zeit er auf Instagram verbringe. Müde, mir von Menschen erklären zu lassen, dass ich Instagram viel zu wichtig nehme. Entsetzlich müde, dank meiner nächtlichen Schreibsessions, die teilweise bis fünf Uhr in der Früh gingen. Ich war generell einfach nur müde. Ausgebrannt. Leer. Und die zahlreichen Studien über die negativen Auswirkungen von Instagram auf unsere Psyche schockierten mich so sehr, dass ich in der App schlicht keinen Sinn mehr sah. Mir war klar: Sobald meine Recherche abgeschlossen, die letzte Seite dieses Buches beschrieben ist, wird es das gewesen sein mit mir und Instagram. Ich werde unsere Beziehung beenden. Ein für alle Mal. Final. Unausweichlich. ENDE.

Bis mein Freund bei einem Spaziergang entlang des Düsseldorfer Rheines zu mir sagt: »Nena, machst du es dir damit nicht zu einfach? Es kann doch nicht die Lösung sein, dich Social Media und damit dem digitalen Fortschritt komplett zu verweigern. Das kann eine Sechzigjährige machen, aber doch nicht du als 27-jährige Journalistin. Klar, deine Instagram-Sucht war schlecht. Zwei Stunden am Tag mit der App zuzubringen, ist zu viel. Eindeutig. Das tut auch unserer Beziehung überhaupt nicht gut. Aber du trinkst doch auch ab und an ein Glas Wein, ohne süchtig zu sein. Kannst du Instagram nicht einfach weniger und vor allem anders nutzen? Eben klüger nutzen?«

Im ersten Moment bin ich nur eines: rasend wütend. Die Frage allein scheint mir wie ein einziger Affront. Als habe er den Sinn meines Buches nicht verstanden. Als habe er mir in den letzten Wochen nicht richtig zugehört. Es dauert einige Stunden, bis ich beginne zu überlegen: Ist es möglich, Instagram klug zu nutzen, ohne erneut in die Abhängigkeit zu rutschen? In den darauffolgenden Tagen begebe ich mich auf die Suche nach einem Motiv. Eines, das das Gefühl durchbricht, in einem unfairen und teilweise erniedrigenden Schönheitswettbewerb gefangen zu sein, der keinem sinnvollen Zweck dient.

Denn wer in den sozialen Medien ausschließlich nach Anerkennung sucht, wird niemals vollends befriedigt sein. **Wenn ich Instagram weiter frequentiere, brauche ich also ein Motiv, welches größer als die eigene Selbstinszenierung ist, jenseits der sozialen Angeberei liegt und einen praktischen Nutzen hat.**

Ich beginne, mich daran zu erinnern, warum ich einst mit Instagram begann. 2015 saß ich, kurz vor meinem Universitätsabschluss, mit meinen Kommilitoninnen Annika und Marie im Café Lure in Maastricht zusammen. Wie so oft träumten wir von einem intelligenten Frauenmagazin und brainstormten: Welche Themen würden Studienabgängerinnen wie uns interessieren? Warum berichtet kein Frauenmagazin über die wirklich wichtigen Themen, wie Karriere, Finanzen, Steuern, Altersvorsorge oder schreibt Reportagen über emotionale Themen, wie die erste große Liebe, die erste Trennung?

Wir diskutierten leidenschaftlich bis in die frühen Morgenstunden, begleitet von zu vielen Flaschen Wein. Doch die Gründung eines eigenen Print-Magazins war einfach zu kostspielig. Und wir drei zu jung. Unerfahren. Da aus unserer Idee nichts wurde, entschied ich, Instagram zu nutzen, um mich kreativ auszuleben und andere jüngere Frauen auf die Wichtigkeit von Female Empowerment hinzuweisen.

Während meiner Tätigkeit in einer Unternehmensberatung verwarf ich meine Gedanken wieder und nutzte Instagram selten. Erst mit dem Start meiner journalistischen Ausbildung beim *Handelsblatt* frequentierte ich Instagram wieder und vergaß meine ursprüngliche Motivation. Ich verfiel allzu schnell dem Instagram-Wahnsinn. Vielleicht, weil die Bilder von mir im kurzen Kleidchen deutlich mehr digitale Aufmerksamkeit erzielten als meine feministischen Parolen.

Mein ursprüngliches Motiv empfinde ich nach wie vor als richtig: junge Frauen stärken, ihnen vorleben, dass die eigene Optik nicht alles ist. Dass Schönheit vergeht und Intellekt am Ende mehr zählt. Mir scheint gar, als sei mein ursprüngliches Motiv wichtiger denn je. Komisch eigentlich, dass ich mein ursprüngliches Motiv für die Nutzung von Instagram aus den Augen verloren habe. Schließlich erklärte ich auf etlichen Veranstaltungen den anderen anwesenden Frauen, dass wir selbst auf Instagram aktiv werden, die heranwachsenden Frauen positiv beeinflussen und ihnen die richtigen Werte vermitteln müssen. Genau das möchte ich ab jetzt tun.

Die Lösung

Nichtstun ist für mich keine Option. Flucht nie der Endpunkt. Immer nur dessen Herauszögern. Meine Geschichte mit Instagram ist noch nicht fertig. Ich möchte uns noch eine zweite Chance geben. Nicht länger als Süchtige, sondern als gleichberechtigte Partnerin. Mit einem konkreten Motiv. Einer Mission. Ich habe Handlungsbedarf. Ich möchte möglichst viele junge Frauen positiv beeinflussen. Ob ich mein Profil erneut auf öffentlich stelle, habe ich noch nicht entschieden. Vorerst bleibt es privat.

Um mein Vorhaben umzusetzen, müssen Inhalte weichen. Vor allem einige meiner Story-Highlights gehören gelöscht. Ein schlechtes Vorbild möchte ich kein zweites Mal sein. Welche Highlights ich lösche? Alle, die nichts mit meiner journalistischen Tätigkeit zu tun haben: Oktoberfest, Geburtstag, Heimatliebe, Reisen, Sauerland, NYC/Bermudas, Schanghai, Pizza & Champagner, Harvard. Neben den Highlights lösche ich einige meiner Timeline-Fotos. Zum Beispiel mein Wassermelonenbild im Meer Kroatiens.

Während ich lösche und lösche, schreibe ich meiner Freundin Jil: »Ich habe gerade alle meine privaten Story-Highlights gelöscht. Und bin zutiefst beschämt. Über mich selbst. Was habe ich da nur für einen Schrott gepostet? Ich bin wirklich keinen Deut besser als die Bloggerinas, die ich immer verurteile.« Insgesamt fallen meiner digitalen Räumungsaktion 361 Instagram-Bilder zum Opfer.

Um meinem Vorhaben gerecht zu werden, darf ich mich nicht länger dem Drang nach Selbstinszenierung hingeben. Unser Instagram-Verhalten ist vergleichbar mit Alkoholkonsum.

Ein Glas Wein am Abend ist völlig in Ordnung, genauso wie ein oder zwei Schnappschüsse aus dem einwöchigen Urlaub zu teilen. Auch ein Timeline-Bild dann und wann ist völlig im Rahmen. Aber täglich eine nichtssagende Story nach der anderen hochzuladen, geht zu weit. Es sorgt für schlechte Laune und einen gehörigen Instagram-Kater.

Ich möchte in der Zukunft dosiert posten. Ich werde zufällig entstandene, nicht bearbeitete Schnappschüsse, auf denen ich wirklich glücklich bin, hochladen. Endlose Fotoshootings mit anschließender Bildbearbeitung wird es hingegen nicht mehr geben. Ich werde auch keine Hashtags mehr benutzen. Die sind sowieso völlig absurd. **Warum wollen wir fremde Menschen mit einem Wort auf unser Instagram-Profil lenken? Vor allem, was für Vollidioten schauen sich unser Profil aufgrund von Wörtern wie NoFilter oder Likes4-Likes an?**

Und ich verspreche hiermit meiner kleinen Schwester Pia hoch und heilig, dass sie nie wieder ein Foto von mir bewerten muss. Es wird keine WhatsApp-Nachrichten mehr von mir geben, in denen steht: »Pancake, sehe ich auf dem Bild fett aus? Jil meint Nein, aber du kennst ja Jil, die findet sowieso immer alles gut. Die ist einfach zu lieb für diese Welt. Du bist wenigstens immer so schön ehrlich.« Ab jetzt werde ich weniger an mir zweifeln, meine Schwester nicht mehr nerven und sie stattdessen lieber fragen, wie es ihr geht, wie es an der Uni läuft, was sie gerade macht. Ich werde mehr Anteil an ihrem Leben nehmen, anstatt sie mit meinen Fotos zu belästigen.

Neben meinen Posts über Female Empowerment möchte ich in der Zukunft meine journalistische Tätigkeit stärker in den Vordergrund rücken.

Nachwort

Unsere gemeinsame Reise, den Instagram-Wahnsinn zu hinterfragen, ist mit dieser Seite beendet. Danke, dass du bis zum Ende drangeblieben bist! Höchstwahrscheinlich wirst du eine Entscheidung für dich getroffen haben. Auf jeden Fall hoffe ich das. Vielleicht wirst du dein Social-Media-Verhalten ändern, dich ganz von der App verabschieden oder alles beim Alten belassen. Am meisten würde mich freuen, wenn du dir eine Motivation für deine Instagram-Aktivitäten überlegst. An dieser Stelle möchte ich dir noch eine letzte Weisheit mitgeben: **Dein Leben muss nicht perfekt sein, sondern echt. Die Währung deines Lebens sollten nicht Likes und Follower sein, sondern pure, wahre, echte Glücksmomente – und diese erlebst du ausschließlich offline.**

Wenn dir ein Moment besonders unter die Haut geht, dann lohnt es sich, genauer hinzuschauen, denn dann hat es oft etwas mit deiner Vorstellung vom Glück zu tun. Multipliziere diese Momente, so gut es geht. Suche deine Bestätigung in der realen Welt. Sei mutig. Lebendig. Hab keine Angst vor deiner eigenen Courage. Gebe dich niemals mit dem einfachen Weg zufrieden. Begrabe nicht deine »Ich kann alles haben«-Illusion. Flüchte dich nicht länger in deine scheinbar perfekte Instagram-Welt. Das Leben ist zu kurz für später. Liebe hemmungslos. Alles zerreißend. Erlebe echte Abenteuer. Lebe. Liebe. Lache. Ich kann es dir nur empfehlen!

Deine Nena

Danke

Es gibt viele talentierte Journalisten, die sich schon vor dem Besuch einer Journalistenschule wahnsinnig gut ausdrücken können. Mit manch einem teilte ich mir in der Redaktion gar den Schreibtisch. Echte Edelfedern eben, die ich hemmungslos beneidete. Fiel mir doch das Erlernen des Schreibhandwerks entsetzlich schwer. Vielmehr war ich schlicht und einfach extremst untalentiert. Kein Wunder also, dass ich 2014 aufgrund meiner mangelnden Fähigkeiten durch das Aufnahmeverfahren der Georg von Holtzbrinck-Journalistenschule rasselte, meinen Traum, Journalistin zu werden, ein für alle Mal begrub und meine Karriere in einer Unternehmensberatung startete. 2016 versuchte ich es dann erneut und schaffte es in den Volontärsjahrgang 2017/18. Nicht weil ich mich wahnsinnig gesteigert hatte, sondern weil es Menschen gab, die an mich glaubten, mich bestärkten und mir zutrauten, das Handwerk des Schreibens irgendwann doch einmal zu beherrschen.

Mentoren sind für junge Menschen das Wichtigste. Vor allem am Anfang der beruflichen Laufbahn. Und deswegen möchte ich mich an dieser Stelle bei den vier Männern bedanken, ohne die ich heute keine Journalistin wäre: Peter Brors, Andreas Dörnfelder, Sönke Iwersen und Wolfgang Reuter. An ganz unterschiedlichen Stationen meiner Ausbildung waren sie da, formten mich zu der kritischen Journalistin, die ich heute bin, sorgten dafür, dass ich meine Unbedarftheit im Job nicht verlor und verbrachten unzählige Stunden damit, mir Texteinstiege, Überschriften, die Königsdisziplin Reportage und die investigative Recherche beizubringen.

Vor allem mein ehemaliger Chef und Freund Andreas Dörnfelder und der Leiter unserer Journalistenschule Peter Brors wurden es nicht leid, meine mangelhaften Texte zu korrigieren, mich zu kritisieren und mir immer wieder dieselben Ratschläge zu geben. Ihr Motto: Kritik ist Liebe. An dieser Stelle möchte ich mich bei dir, Peter, für etwaige falsche Sprachbilder in meinem Buch entschuldigen. Es liegt definitiv nicht an deiner Lehre, könnte es für die Georg von Holtzbrinck-Journalistenschule doch keinen besseren Schulleiter geben. Und nun zu Ihnen, Herr Reuter, Sie waren mein Mentor seit Tag eins. Ohne Ihre Hartnäckigkeit wäre ich heute keine Journalistin. Unsere Begegnung vor mittlerweile über fünf Jahren hat für meine berufliche Laufbahn den Unterschied gemacht.

Ebenso wie Herr Reuter warst auch du, Sönke, von meinem Praktikumsstart beim *Handelsblatt* an für mich da. Du bist mein journalistisches Vorbild, und ich bin davon überzeugt, dass, wenn es mehr Journalisten wie dich geben würde, die Presse heute nicht in dieser tiefen, medialen Glaubwürdigkeitskrise stecken würde. Das Schimpfwort Lügenpresse hätte schlicht keinen Nährboden. Genauso wie in meiner journalistischen Karriere hat auch in meinem frischen Autorinnenleben ein Mann den Unterschied gemacht: Ulf Switalski, mein Literaturagent. Ohne dich, lieber Ulf, würde es dieses Buch nicht geben. Hättest du nicht an dieses Projekt geglaubt, hätte ich mein Herzensprojekt nicht weiterverfolgt. Dein Anruf, dass du mich vertrittst, hat mir ebenso viel bedeutet wie die Zusage der Georg von Holtzbrinck-Journalistenschule. Ich weiß noch, wie ich vor dem Restaurant stand und mein Glück kaum fassen konnte. Danke Ulf, dass du so ein wundervoller Agent bist, mir immer mit Rat und Tat zur Seite stehst und meinen

Lebenstraum wahrgemacht hast. Ich kann nicht in Worten ausdrücken, wie viel mir das bedeutet.

Das war jetzt geballte Männerpower, aber dieses Buch wäre ohne geballte Frauenpower nicht auf den Markt gekommen. Danke Jennifer Kroll, danke Juliane Noßack, danke Julia Gommel-Baharov, danke Marion Nielsen, danke Hannah Kaiser und danke Chiara Ksienzyk. Ihr seid für mich wie die guten Feen in einem Märchen. Nur noch besser. Ein Buch ist immer ein Wagnis, insbesondere für den Verlag, und auch jetzt wissen wir nicht, ob sich dieses Buch verkaufen wird. Aber ihr alle glaubt an dieses Projekt, seid das Risiko, mit einer unbekannten Autorin wie mir zusammenzuarbeiten, eingegangen und habt mit Leidenschaft unser Projekt begleitet, bereichert und in vielerlei Hinsicht erst möglich gemacht. Nicht zu vergessen sei meine wunderbare Lektorin Aylin LaMorey-Salzmann. Schon bei unserem ersten Telefonat am Flughafen von Mallorca habe ich mich von dir sehr verstanden und abgeholt gefühlt. Danke für deine vielen kritischen Anmerkungen.

An diesem Buch haben auch noch zwei weitere stille Zauberer mitgewirkt: Hannah Steinharter und Tobias Bayer. Beide wurden es in den letzten Wochen nicht müde, die Erstleser meiner Texte zu sein, verschonten mich nie mit ihrem kritischen Feedback und sind im Allgemeinen zwei wundervolle Menschen mit Herzen aus Gold.

In ewiger Dankbarkeit

Nena

Endnoten

1   https://www.stern.de/neon/wilde-welt/gesellschaft/
    instagram-museum-in-duesseldorf-will-social-media-fans-
    begeistern-8958418.html. (Zuletzt abgerufen am 05.12.2019.)

2   https://www.rsph.org.uk/about-us/news/instagram-
    ranked-worst-for-young-people-s-mental-health.html.
    (Zuletzt abgerufen am 05.12.2019.)

3   https://orange.handelsblatt.com/artikel/61544. (Zuletzt
    abgerufen am 05.12.2019.)

4   https://www.vogue.com/article/selena-gomez-april-cover-
    interview-mental-health-instagram. (Zuletzt abgerufen
    am 05.12.2019.)

5   https://www.presseportal.de/pm/130789/4212228.
    (Zuletzt abgerufen am 05.12.2019.)

6   https://orange.handelsblatt.com/artikel/37147. (Zuletzt
    abgerufen am 05.12.2019.)

7   https://www.instagram.com/pilot_lindy/?hl=de.
    (Erstmals abgerufen am 15.09.2017. Zuletzt abgerufen am
    10.12.2019: 134.000 Follower.)

8   https://orange.handelsblatt.com/artikel/37147. (Zuletzt
    abgerufen am 05.12.2019.)

9   https://orange.handelsblatt.com/artikel/37147. (Zuletzt
    abgerufen am 05.12.2019.)

10 https://www.wiwo.de/erfolg/trends/nicht-nackig-genug-
    der-schwere-weg-zum-social-media-star/19819542.html.
    (Zuletzt abgerufen am 05.12.2019.)

11 https://malisastiftung.org/wp-content/uploads/
    Selbstinzenierung-in-den-neuen-Medien.pdf. (Zuletzt
    abgerufen am 14.10.2019.)

12 https://www.spiegel.de/wissenschaft/mensch/laestern-
    schmierstoff-zwischen-menschen-a-1147818.html.
    (Zuletzt abgerufen am 05.12.2019.)

13   https://www.ncbi.nlm.nih.gov/pubmed/25344294.
     (Zuletzt abgerufen am 05.12.2019.)

14   Lanier, J. (2018). *Zehn Gründe warum du deine
     Social Media Accounts sofort löschen musst.* Hamburg,
     Deutschland: Hoffmann und Campe, S. 45-46.

15   Lanier, J. (2018). *Zehn Gründe warum du deine
     Social Media Accounts sofort löschen musst.* Hamburg,
     Deutschland: Hoffmann und Campe, S. 45-46.

16   https://www.zeit.de/zeit-wissen/2016/05/soziale-
     netzwerke-internet-likes-verhaltenspsychologie/seite-2.
     (Zuletzt abgerufen am 23.09.2019.)

17   Reinwarth, A. (2019). Glaub nicht alles was du denkst.
     München, Deutschland: MVG Verlag, S. 2.

18   https://www.researchgate.net/publication/326339296_
     The_Positive_Side_of_Social_Comparison_on_Social_
     Network_Sites_How_Envy_Can_Drive_Inspiration_on_
     Instagram. (Zuletzt abgerufen am 14.09.2019.)

19   https://influence.podigee.io/11-folge10. (Zuletzt abgerufen
     am 05.12.2019.)

20   https://de.wikipedia.org/wiki/15_minutes_of_fame.
     (Zuletzt abgerufen am 05.12.2019.)

21   https://www.wuv.de/digital/influencer_marketing_mit_
     abnutzungserscheinungen. (Zuletzt abgerufen am
     05.12.2019.)

22   https://meedia.de/2013/01/15/print-analyse-der-typische-
     spiegel-leser/. (Zuletzt abgerufen am 08.09.2019.)

23   https://www.vogue.de/beauty/artikel/emilia-schuele-look.
     (Zuletzt abgerufen am 30.08.2019.)

24   https://www.vogue.de/beauty/artikel/emilia-schuele-look.
     (Zuletzt abgerufen am 30.08.2019.)

25   https://www.instagram.com/p/B3w3kMrIvXV/. (Zuletzt
     abgerufen am 30.08.2019.)

26 https://www.stern.de/lifestyle/leute/cathy-hummels-litt-schon-mit-16-jahren-an-depressionen-8922326.html. (Zuletzt abgerufen am 26.09.2019.)

27 https://de.statista.com/themen/3754/influencer-marketing/. (Zuletzt abgerufen am 30.08.2019.)

28 https://www.bild.de/video/clip/internet-stars/bloggerin-caro-daur-zu-besuch-bei-bild-46124524.bild.html. (Zuletzt abgerufen am 30.08.2019.)

29 https://www.faz.net/aktuell/stil/influencer-riccardo-simonetti-ueber-werbung-auf-instagram-16110981-p2.html. (Zuletzt abgerufen am 30.08.2019.)

30 https://www.businessinsider.de/studie-so-ticken-influencer-2018-1. (Zuletzt abgerufen am 30.08.2019.)

31 https://www.t-online.de/unterhaltung/stars/id_86144994/cathy-hummels-analyse-enthuellt-falsche-likes-auf-ihrem-instagram-profil.html. (Zuletzt abgerufen am 30.08.2019.)

32 https://www.instagram.com/p/B4R5DCDo9eX/. (Zuletzt abgerufen am 05.12.2019.)

33 https://www.instagram.com/cathyhummels/?hl=de. (Zuletzt abgerufen am 05.12.2019.)

34 https://www.rtl.de/cms/cathy-hummels-moderatorin-barbara-schoeneberger-ist-ihr-vorbild-4425076.html. (Zuletzt abgerufen am 05.12.2019.)

35 https://abi.unicum.de/de/entertainment/filme/riccardo-simonetti-im-interview. (Zuletzt abgerufen am 05.12.2019.)

36 https://www.hashtag-realtalk.com/blog/wie-oft-auf-instagram-posten/. (Zuletzt abgerufen am 05.12.2019.)

37 https://www.instagram.com/p/B4CdAXkCxjH/. (Zuletzt abgerufen am 05.12.2019.)

38 https://www.instagram.com/p/B5nQqI-oCiJ/. (Zuletzt abgerufen am 05.12.2019.)

39 https://www.instagram.com/p/B0oWciYiakG/. (Zuletzt abgerufen am 05.12.2019.)

40 https://orange.handelsblatt.com/artikel/27612. (Zuletzt abgerufen am 12.07.2019.)

41 https://orange.handelsblatt.com/artikel/27612. (Zuletzt abgerufen am 12.07.2019.)

42 https://orange.handelsblatt.com/artikel/27612. (Zuletzt abgerufen am 12.07.2019.)

43 https://www.welt.de/icon/partnerschaft/article177099084/ Caro-Daur-Ich-bin-Unternehmerin-und-keine-Influencerin. html. (Zuletzt abgerufen am 03.08.2019.)

44 https://orange.handelsblatt.com/artikel/49864. (Zuletzt abgerufen am 03.08.2019.)

45 https://www.manager-magazin.de/unternehmen/karriere/ caro-daur-die-instagram-influencerin-im-interview-a-1155194.html. (Zuletzt abgerufen am 29.09.2019.)

46 https://www.horizont.net/marketing/nachrichten/ generation-z-influencer-haben-bei-luxus-produkten-nur-wenig-einfluss-178669?crefresh=1. (Zuletzt abgerufen am 05.12.2019.)

47 https://www.instagram.com/juliaroberts/?hl=de. (Zuletzt abgerufen am 05.12.2019.)

48 https://www.instagram.com/p/B2egBlxoEQK/. (Zuletzt abgerufen am 18.09.2019.)

49 Lanier, J. (2018). *Zehn Gründe warum du deine Social Media Accounts sofort löschen musst.* Hamburg, Deutschland: Hoffmann und Campe, S. 82.

50 https://www.businessinsider.de/ex-facebook-chef-sean-parker-packt-ueber-zuckerberg-aus-2017-11. (Zuletzt abgerufen am 05.12.2019.)

51 https://www.axios.com/sean-parker-unloads-on-facebook-god-only-knows-what-its-doing-to-our-childrens-brains-1513306792-f855e7b4-4e99-4d60-8d51-2775559c2671. html (Zuletzt abgerufen am 05.12.2019.)

52 https://meedia.de/2017/12/12/ex-facebook-manager-legt-nach-social-media-kreiert-gesellschaft-die-popularitaet-mit-der-wahrheit-verwechselt/. (Zuletzt abgerufen am 05.12.2019.)

53 https://allfacebook.de/instagram/instagram-nutzer-deutschland. (Zuletzt abgerufen am 23.09.2019.)

54 https://www.instagram.com/kevin/?hl=de. (Zuletzt abgerufen am 23.09.2019.)

55 https://www.instagram.com/mikeyk/?hl=de. (Zuletzt abgerufen am 23.09.2019.)

56 https://www.instagram.com/zuck/?hl=de. (Zuletzt abgerufen am 23.09.2019.)

57 https://www.spiegel.de/spiegel/bibi-hanne-und-co-so-funktioniert-das-geschaeft-der-youtube-stars-a-1153088.html. (Zuletzt abgerufen am 05.12.2019.)

58 https://www.brandeins.de/magazine/brand-eins-wirtschaftsmagazin/2018/naehe-und-distanz/freudschaft-wir-versichern-uns-gegenseitig-dass-wir-liebenswert-sind. (Zuletzt abgerufen am 05.12.2019.)

59 http://zitate.net/hermann-hesse-zitate. (Zuletzt abgerufen am 05.12.2019.)

60 http://zitate.net/erasmus-von-rotterdam-zitate. (Zuletzt abgerufen am 05.12.2019.)

61 http://zitate.net/?q=sagan. (Zuletzt abgerufen am 05.12.2019.)

62 https://www.welt.de/kultur/medien/article138471077/Instagram-macht-uns-alle-zu-Psychopathen.html. (Zuletzt abgerufen am 05.12.2019.)

63 https://www.freitag.de/autoren/the-guardian/zu-viel-des-guten. (Zuletzt abgerufen am 05.12.2019.)

64 Link, C. (2018). *Sturmzeit*. München, Deutschland: Blanvalet Verlag, S. 580.

Impressum

Nena Schink
UNFOLLOW!
Wie Instagram unser Leben zerstört
ISBN: 978-3-95910-262-9

Eden Books
Ein Verlag der Edel Germany GmbH
Copyright © 2020 Edel Germany GmbH, Neumühlen 17, 22763 Hamburg
www.edenbooks.de | www.facebook.com/EdenBooksBerlin | www.edel.com
1. Auflage 2020

Projektkoordination: Julia Gommel-Baharov und Juliane Noßack
Lektorat: Aylin LaMorey-Salzmann
Umschlaggestaltung: FAVORITBUERO, München
Autorinnenfoto: © Moritz Thau
Layout und Satz: Datagrafix GSP GmbH, Berlin | www.datagrafix.com
Druck und Bindung: GGP Media GmbH, Pößneck

Dieses Buch ist auch als E-Book erhältlich.

Um die kulturelle Vielfalt zu erhalten, gibt es in Deutschland und in Österreich die gesetzliche Buchpreisbindung. Für Sie, liebe*r Leser*in, bedeutet dies, dass Ihr verlagsneues Buch überall dasselbe kostet, egal, ob Sie Ihre Bücher gern im Internet, in einer großen Buchfiliale oder der kleinen Buchhandlung um die Ecke kaufen.